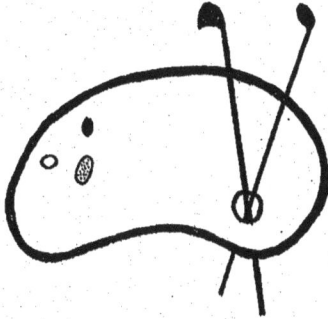

DEBUT D'UNE SERIE DE DOCUMENTS
EN COULEUR

DES

ACTES DE GOUVERNEMENT

PAR

L. MICHOUD

Professeur à la Faculté de Droit de Grenoble.

GRENOBLE

IMPRIMERIE ET LITHOGRAPHIE F. ALLIER PÈRE ET FILS

Grande-Rue, 8, cour de Chaulnes

1889

Extrait des *Annales de l'Enseignement supérieur de Grenoble*, tome I, nº 2.

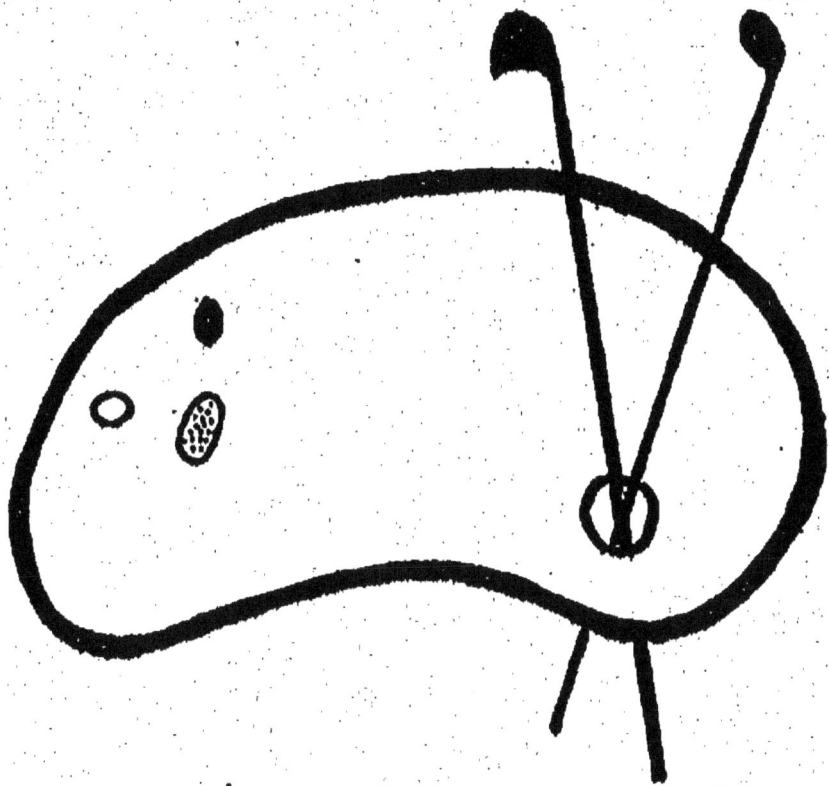

FIN D'UNE SÉRIE DE DOCUMENTS
EN COULEUR

DES ACTES DE GOUVERNEMENT

Par M. L. MICHOUD
Professeur à la Faculté de Droit de Grenoble.

La distinction entre le Gouvernement et l'Administration occupe, dans la doctrine et dans la jurisprudence administratives, une place importante. Au point de vue purement spéculatif, pour le théoricien qui analyse les diverses fonctions des pouvoirs publics, pour l'homme d'État qui en cherche la meilleure répartition, elle est loin d'être sans valeur. Elle exprime en effet assez exactement deux ordres d'attributions du pouvoir exécutif, qu'il y a intérêt à ne pas confondre si l'on veut en régler avec intelligence les divers rouages. — Mais, d'après une opinion très généralement admise, cette distinction n'appartiendrait pas seulement à la science politique et administrative ; elle aurait une valeur juridique et produirait dans le domaine du droit une conséquence très grave. Pour la plupart des auteurs les actes dits *de gouvernement,* à la différence des actes administratifs ordinaires, ne pourraient être attaqués devant aucun tribunal, pas plus devant les tribunaux administratifs que devant les tribunaux judiciaires ; ils seraient soustraits à tout recours contentieux même au cas de violation de la loi ou de lésion d'un droit privé, et le Gouvernement n'aurait à en répondre que devant les Chambres. — C'est la théorie classique de l'acte de gouvernement. — Quelques auteurs cherchent à en atténuer la gravité, et concèdent que les tribunaux ne peuvent être dépouillés du droit de protéger, contre les abus d'autorité, la liberté et la propriété des citoyens ; mais ils conservent la distinction entre le Gouvernement et l'Administration à la base de leur théorie et admettent tout au moins que les tribunaux administratifs n'ont aucune compétence à l'égard des actes de la première de ces autorités. — Comprise de l'une ou l'autre de ces deux façons, la distinction me paraît inadmissible. Je crois, au contraire, qu'au point de vue juridique il n'y a pas de différence à faire entre le Gouvernement et l'Administration ; que les actes émanés de ces deux autorités (à supposer qu'on les considère comme distinctes) sont soumis aux mêmes règles, et que si quelques-uns sont susceptibles d'un recours contentieux alors que d'autres ne le sont pas, cela tient à des motifs tout autres qu'au caractère administratif ou gouvernemental de l'acte.

C'est la démonstration de cette thèse que j'essaie de donner dans les pages suivantes. Elle pourra paraître téméraire en présence d'une jurisprudence déjà fort ancienne, en apparence tout au moins[1], et généralement acceptée. Les lecteurs qui voudront bien me suivre jusqu'au bout se convaincront cependant qu'elle est moins audacieuse qu'elle ne semble au premier abord. Elle aboutit souvent dans la pratique aux mêmes résultats que la thèse contraire, quoique par des voies différentes. Elle a surtout l'avantage de débarrasser la doctrine d'une théorie parasite, qui ne peut que jeter la confusion dans les idées, et qui, par le vague où l'on est contraint de la laisser, peut être dangereuse dans l'application et servir à justifier les plus graves abus de pouvoir. Au reste, elle est loin d'être absolument nouvelle. L'éminent professeur de droit administratif à la Faculté d'Aix, M. Gautier[2], a déjà, en quelque lignes concluantes, montré le vide et le danger de la théorie généralement admise, et ses idées sur ce point ont été acceptées par M. Brémond, dans une des intéressantes revues de jurisprudence que publie la *Revue critique*[3]. J'ajoute, sauf à démontrer bientôt cette proposition, que la thèse de ces deux auteurs est seule conforme aux théories traditionnelles de notre droit public, et qu'elle est en réalité plus ancienne que la doctrine opposée, dont l'origine est relativement récente.

I.

Essayons d'abord de préciser en quoi consiste la théorie de l'acte de gouvernement et en quel sens elle est entendue par ses divers partisans. Ce n'est pas chose facile : les actes dits de gouvernement

[1] Voyez, quant à la jurisprudence, les explications données *infra*, p. 45 et suiv.
[2] *Matières administratives dans leurs rapports avec les matières civiles et judiciaires*, p. 5 et suiv.
[3] *Revue critique*, 1888, p. 561.

émanent en effet des mêmes autorités que les actes administratifs
proprement dits et se présentent sous les mêmes formes; il en résulte
que la distinction entre eux est des plus flottantes et que chaque
auteur l'entend un peu à sa manière. En outre, tout embarras n'est
pas écarté quand on a adopté une définition; les auteurs se divisent
encore sur les conséquences à tirer de cette qualification d'acte de
gouvernement, une fois admise. — Je vais passer en revue ces
diverses opinions sans en discuter pour le moment le principe et en
me bornant à en dégager les conséquences pratiques.

En ce qui concerne la définition, on peut classer en deux groupes
toutes celles qu'on a tenté de donner. Les uns s'attachent, pour
déterminer l'acte de gouvernement, au *but* que se propose son auteur;
les autres à la *nature* de l'acte lui-même.

I. — « Ce qui fait l'acte de gouvernement, dit M. Dufour [1],
c'est le but que se propose son auteur. L'acte qui a pour but de
défendre la Société prise en elle-même, ou personnifiée dans le
Gouvernement contre ses ennemis intérieurs ou extérieurs, avoués
ou cachés, présents ou à venir, voilà l'acte de gouvernement. » —
« Le chef de l'État, ajoute plus loin le même auteur, dans la sphère
de ces mesures suprêmes, n'a ni contrôle à subir, ni assistance à
demander. Sa force est dans l'autorité dont il est investi comme
souverain; il se suffit à lui-même et son frein ne peut être que dans
la responsabilité gouvernementale; les citoyens n'ont de protection à
chercher que dans la garantie constitutionnelle. » — Cette doctrine
a le mérite d'être nette; il n'est pas besoin d'y réfléchir longtemps
pour en apercevoir le danger. C'est le droit pour le Gouvernement
de se mettre au-dessus des lois toutes les fois qu'il croira combattre
les ennemis de la société ou ses propres ennemis. Il n'est pas un abus
de pouvoir qui ne puisse trouver dans cette théorie sa justification,
car on ne peut poser aucune limite, et quelle que soit la nature de
l'acte, si gravement qu'en souffrent les droits privés, le Gouvernement pourra toujours écarter le contrôle des tribunaux en déclarant
qu'il a agi pour se défendre ou pour défendre la société. Qu'à certaines époques de crise il soit nécessaire qu'il existe un tel pouvoir,

[1] *Droit administratif*, t. IV, p. 600. — Cpr., Batbie, *Traité de droit administratif*,
t. VII, p. 413, n°ˢ 389 et suiv.

— de son vrai nom la dictature, — je ne le conteste pas, et j'en montrerai tout à l'heure les conséquences ; mais ce qu'il n'est pas possible d'admettre, c'est que ce soit là une arme mise normalement entre les mains d'un gouvernement régulier, et que l'on transforme ainsi en thèse juridique, applicable au train ordinaire de la vie, ce qui doit rester une redoutable exception.

Assurément, toutefois, ce pouvoir est plus ou moins dangereux, suivant la nature du Gouvernement auquel il est confié. Il l'est au plus haut degré sous un gouvernement qui n'a de compte à rendre à personne. Il l'est moins sous un gouvernement parlementaire, dans lequel la responsabilité ministérielle est sérieusement organisée, et qui doit incessamment rendre compte de sa conduite aux Chambres. Mais on se tromperait étrangement si l'on croyait que le contrôle parlementaire peut remplacer de tous points le contrôle judiciaire, et que les Chambres jugeront, comme le ferait un tribunal, les réclamations basées sur un droit portées devant elles par les particuliers. La responsabilité ministérielle est une mauvaise garantie des droits privés. Est-il besoin d'en donner toutes les raisons? La principale est que les Chambres sont des assemblées politiques qui feront toujours passer un intérêt politique de premier ordre, tel que celui de la stabilité gouvernementale, avant la protection due aux droits des particuliers ; cette protection sera donc mal assurée, même à supposer qu'il n'y ait pas à craindre les injustices et les entraînements de l'esprit de parti, parce qu'elle pourra être sacrifiée à des considérations d'ordre supérieur.

On a dit, il est vrai (et ce n'est que la même doctrine sous une autre forme), que les actes du Gouvernement, approuvés par des ordres du jour formels des Chambres, ne diffèrent des lois qu'au point de vue de la procédure et doivent être souverains comme les lois elles-mêmes [1]. C'est se faire une fausse idée de la souveraineté de la loi. Cette souveraineté n'est pas douteuse dans notre organisation constitutionnelle ; la loi s'impose aux pouvoirs publics comme aux particuliers, aucun pouvoir n'étant au-dessus du pouvoir législatif et n'ayant le droit de juger la loi. Mais cette souveraineté est

---

[1] Voy. notamment Graux. *Les congrégations religieuses devant la loi*, p. 195, cité par Laferrière, *loc. cit.*, p. 28.

par elle-même quelque chose d'assez dangereux pour qu'on ne l'étende pas hors de sa sphère ; il n'y a de *loi* que celle qui a été faite avec toutes les formes de la procédure parlementaire, chacun des pouvoirs y ayant collaboré dans la mesure prévue par la constitution et chacun ayant su qu'il y collaborait. Sans doute, de ces formes mêmes, il pourra sortir une loi qui viole le droit ; toute souveraineté a ses abus possibles ; mais en somme un abus de pouvoir sera fréquemment écarté par cela seul qu'on l'obligera à se formuler en un texte de loi qui réunisse l'accord des deux Chambres. Il y a là une garantie qui n'est pas à dédaigner. Mettez au contraire les Chambres en présence d'un abus de pouvoir émanant d'un ministre ; qu'elles soient dans l'alternative, ou de sanctionner le fait accompli par un ordre du jour de confiance conçu en termes généraux, ou d'ouvrir une crise ministérielle ; qu'au surplus l'acte soit, politiquement, de nature à plaire à la majorité ; il sera bien peu probable que cette majorité se décide par des considérations juridiques, et fasse passer le droit, peut-être discutable, d'un particulier avant les intérêts politiques de premier ordre qui lui sont confiés. En un mot, les ordres du jour sont loin de présenter les mêmes garanties que la loi, et il est utile que les actes du Gouvernement, même approuvés par les Chambres, restent soumis, au point de vue spécial de la violation des droits, à un contrôle judiciaire.

Qu'on le remarque bien, du reste, la doctrine que je viens d'exposer contient déjà une extension notable du pouvoir législatif en dehors du domaine qui lui est propre. Elle implique en effet qu'il faut attribuer la force souveraine de la loi à toutes les décisions régulièrement rendues par le pouvoir législatif, à cette seule condition qu'elles l'aient été dans toutes les formes exigées par la constitution. Elle admet donc la possibilité des lois d'exception, des lois applicables à un seul fait ou à un seul homme, même des lois rétroactives légalisant dans le passé une infraction commise par les agents du pouvoir exécutif. C'est là une très grave concession faite à l'omnipotence du pouvoir législatif. En théorie pure, le pouvoir législatif n'est autre chose que le pouvoir d'établir des règles générales applicables à l'avenir. Il sort de sa sphère lorsqu'il s'emploie à légaliser les infractions commises aux lois existantes. Si j'admets, même alors, qu'il est souverain, c'est que je crois cette concession nécessaire, c'est qu'il ne faut pas que la société périsse par suite d'un respect superstitieux de la légalité. Dans un cas urgent, dans un péril prochain, le Gouvernement peut et doit, pour sauver l'ordre compromis ou la patrie menacée, prendre toutes les mesures, fussent-elles illégales, qui seraient nécessaires au salut social. Il serait puéril de nier un tel pouvoir qui, par la force des choses, se placerait toujours de lui-même au-dessus de toutes les négations. Ce qu'il faut maintenir, et ce que les explications précédentes maintiennent même dans ces cas extrêmes, c'est que le Gouvernement en se mettant ainsi au-dessus des lois, engage sa responsabilité, non seulement sa responsabilité politique, mais sa responsabilité judiciaire. Les auteurs de l'acte illégal (atteinte à la liberté individuelle ou à la propriété, violation de domicile, etc.) peuvent être poursuivis et jugés conformément aux lois. Le Gouvernement ne peut pas, lui-même, apprécier la nécessité de l'acte et interdire aux tribunaux d'en connaître à raison de sa nature gouvernementale. D'autre part, il va sans dire que les tribunaux doivent juger d'après les lois existantes, et n'ont pas le droit d'en effacer un article sous prétexte de nécessité sociale. Un seul pouvoir dans l'État est placé assez haut pour juger de cette nécessité et pour servir en quelque sorte d'arbitre entre la loi et le péril social, c'est le pouvoir législatif. A lui, mais à lui seul, appartiendra le droit de décerner un bill d'immunité et d'arrêter l'action de la justice ; il le fera par une loi spéciale, par une loi rétroactive, mais par une loi rendue dans toutes les formes parlementaires, et non par un simple ordre du jour. Cette théorie a ses dangers sans doute, comme toute théorie faite pour ces cas extrêmes qui paraissent échapper à toute règle ; à tout prendre, elle est la seule qui concilie, dans la mesure du possible, le respect du droit avec les nécessités du salut public [1].

C'est surtout aux mesures politiques prises à l'égard des membres des dynasties déchues que l'on a appliqué, à diverses époques, cette qualification d'acte de gouvernement à raison du but poursuivi par l'auteur de l'acte ; fréquemment les recours formés contre ces mesures ont été écartés par le motif qu'elles constituaient des actes de gouvernement, et que les tribunaux n'avaient pas le droit d'en connaître. Il y en a eu des exemples sous la Restauration et sous la Monarchie

---

[1] C'est celle qui est soutenue, à peu de chose près, par M. Labbé (S., 76, 2, 297).

de Juillet [1]. Sous le second Empire, deux décisions célèbres du Conseil d'État ont appliqué cette doctrine aux membres de la famille d'Orléans : ce sont d'abord l'arrêt sur conflit du 18 juin 1852 qui refuse aux tribunaux judiciaires le droit de statuer sur les réclamations de la famille d'Orléans contre le décret du 22 janvier 1852, par lequel certains biens de cette famille avaient été déclarés réunis au domaine ; — ensuite l'arrêt au contentieux du 9 mai 1867, rejetant comme non-recevable le recours pour excès de pouvoir formé par le duc d'Aumale et l'éditeur Michel Lévy contre l'arrêté du préfet de police qui avait ordonné la saisie de l'*Histoire des princes de Condé*. — Dans la première espèce, tout pourvoi a été écarté comme s'attaquant à des actes politiques, à des actes de gouvernement, ne pouvant former l'objet d'un débat contentieux. Dans la seconde, le Conseil d'État a rejeté, pour le même motif, le recours pour excès de pouvoir, et si les conclusions du commissaire du Gouvernement, M. Aucoc, ont réservé un recours devant les tribunaux civils, c'est en vertu d'une distinction qu'il a le premier introduite dans la doctrine et sur laquelle je m'expliquerai bientôt ; la théorie de l'acte de gouvernement défini par son but politique n'en a pas moins été admise.

Depuis cette époque, cette même théorie a été plusieurs fois soutenue devant le Conseil d'État et le tribunal des conflits, qui l'ont toujours repoussée. Il suffit de rappeler : 1° Le recours pour excès de pouvoir, formé par le prince Jérôme Napoléon, contre une décision du ministre de la guerre qui l'avait rayé de la liste des généraux de division ; le ministre de la guerre demandait qu'on écartât le recours par une fin de non-recevoir tirée de la nature politique, et par conséquent gouvernementale, de l'acte ; le Conseil d'État a écarté la fin de non-recevoir et rejeté la demande par des motifs tirés du fond (19 février 1875, D., 75, 3, 18); — 2° La décision du tribunal des conflits du 5 novembre 1880 (D., 80, 3, 121), qui qualifie d'actes administratifs, et non d'actes de gouvernement, comme le demandait le ministre, les décrets de dissolution des congrégations religieuses, malgré l'approbation parlementaire dont ils étaient appuyés ; —

---

[1] Cons. d'Ét., 1ᵉʳ mai 1822, Laffitte ; — 8 décembre 1838, duchesse de Saint-Leu ; — 22 août 1844, prince Louis-Napoléon.

3° Les arrêts du Conseil d'État du 20 mai 1887, sur les pourvois des princes d'Orléans et Murat contre la décision du ministre de la guerre qui les avait rayés des cadres de l'armée ; le ministre, invoquant tout à la fois le mobile politique de l'acte et les ordres du jour approbatifs des deux Chambres, demandait qu'on écartât les pourvois comme dirigés contre un acte de gouvernement ; le Conseil d'État a passé outre au jugement du fond, admis un des pourvois et rejeté les autres (D., 88, 3, 105) ; — 4° Les deux arrêts du Conseil d'État du 1er février 1889 (D., 89, 1, 17), sur les pourvois formés par deux ecclésiastiques contre des arrêtés portant suspension de leur traitement ; là encore le ministre invoquait comme fin de non-recevoir la nature gouvernementale de la mesure ; le Conseil d'État, dans l'une des affaires, a déclaré qu'il était inutile de statuer sur la fin de non-recevoir et a rejeté le pourvoi comme mal fondé ; dans l'autre, il a annulé l'acte attaqué (qui était un simple acte préfectoral) pour cause d'incompétence, et par conséquent a bien reconnu implicitement la recevabilité du pourvoi ; — 5° Enfin, et surtout les décisions du Tribunal des Conflits du 25 mars 1889 (Gazette des Tribunaux du 27 mars), décisions particulièrement remarquables par la parfaite netteté de leurs motifs. La question soumise au Tribunal était celle de la compétence des tribunaux judiciaires à l'égard de la saisie administrative, pratiquée par le préfet de police à Paris et par les préfets dans divers départements sur le manifeste que le comte de Paris avait adressé aux maires de France par la voie de la poste. Le Tribunal admet la compétence judiciaire pour les demandes en restitution formées par les intéressés et annule en conséquence les arrêtés de conflit qui lui étaient soumis : « Considérant, dit-il...., dans la première affaire....., que les instructions verbales invoquées par le préfet de police.... ne sauraient imprimer au mandat et à la saisie des 5 et 6 juillet 1888 les caractères d'acte administratif et de gouvernement ; — qu'en effet la saisie ne change pas de nature par ce fait qu'elle est ordonnée par le ministre de l'intérieur dans un but politique et que la mesure a été approuvée par les Chambres ; — considérant que si le Gouvernement a le devoir d'assurer la sécurité de l'État et de réprimer toute entreprise tentée contre la République par les membres des familles ayant régné en France, il n'est investi à cet égard que des pouvoirs que la loi lui donne. »

Le Conseil d'État et le Tribunal des Conflits semblent donc avoir définitivement rompu avec l'ancienne doctrine de l'acte de gouvernement défini uniquement par son but politique[1]. Elle est, du reste, énergiquement répudiée par l'interprète le plus récent et le plus autorisé de la jurisprudence du Conseil : « L'acte d'administration fait dans un but politique, dit M. Laferrière dans son beau *Traité de la Juridiction administrative et des secours contentieux*[2], ne cesse pas pas pour cela d'être un acte d'administration et de relever du juge administratif. Si, par exemple, des mesures illégales ou entachées de vice de forme étaient prises dans un but politique, à l'égard de magistrats inamovibles, d'officiers propriétaires de leur grade, de membres de la Légion d'honneur, de fonctionnaires auxquels la loi accorde des garanties particulières, les motifs politiques qui auraient inspiré ces mesures administratives n'en feraient pas des actes de gouvernement, et n'empêcheraient pas qu'elles ne fussent susceptibles d'être déférées au Conseil d'État pour excès de pouvoir. De même, si des raisons politiques déterminaient le Gouvernement à se saisir d'une propriété privée en dehors des cas prévus par la loi, à porter atteinte à la liberté individuelle ou à la liberté de la presse, les parties lésées n'en auraient pas moins accès devant les tribunaux judiciaires, gardiens des droits individuels. Ainsi se confirme l'idée... que les votes politiques émis par les Chambres, pour provoquer ou approuver un acte d'administration, ne suffisent pas pour donner à cet acte un caractère politique et le soustraire à tout recours contentieux ; ces votes ne font que confirmer et accentuer les mobiles politiques de l'acte, mobiles qui ne peuvent modifier à eux seuls la compétence des juridictions ». Le même auteur, quelques pages plus loin[2], se pose la question de savoir si le Gouvernement possède, en dehors des pouvoirs qui lui sont conférés par la loi, le droit de prendre des décisions portant atteinte aux droits individuels, dans le but d'assurer l'ordre public et la sûreté de l'État, et il y répond négativement, en faisant toutefois une réserve pour les actes commandés par la sûreté

---

[1] La Cour de cassation et divers tribunaux judiciaires ont également repoussé cette doctrine d'une manière plus ou moins explicite (Cpr. Cass., 1er janvier 1885. Cunéo-d'Ornano. — Trib. de Chambéry, 24 décembre 1888. *Gaz. des Tribunaux* du 1er janvier 1889).

[2] T. II, p. 31-32.

[3] *Ibid.*, p. 42-43.

extérieure de l'État, réserve qui est peut-être nécessaire en l'état actuel de notre législation, mais qui, à coup sûr, ne peut être fondée sur aucune idée juridique, et qui, en conséquence, est inacceptable si on veut la poser en règle. La seule solution logique, en cette matière particulièrement délicate, consiste à dire que le Gouvernement, ici comme ailleurs, ne doit avoir que les pouvoirs déterminés par la loi. Si, en fait, les armes que celle-ci met entre ses mains sont insuffisantes (question que je n'ai pas à examiner ici), c'est au législateur à y pourvoir et non au Gouvernement lui-même. On comprendrait fort bien, par exemple, que la loi donnât au pouvoir exécutif, au moins dans une certaine mesure, le droit d'arrêter les publications de nature à compromettre nos relations avec les puissances étrangères [1] ; mais, ce que la loi n'a point fait, le pouvoir exécutif n'a pas qualité pour le faire ; tout acte par lequel il s'arrogerait des droits supérieurs à ceux que la loi lui confère serait entaché d'excès de pouvoir ; il pourrait être plus ou moins excusable à cause de son caractère plus ou moins évident de nécessité ; il serait certainement illégal. Quoi qu'il en soit du reste de cette réserve, dont l'application sera en fait assez rare, on peut considérer la doctrine de l'acte de gouvernement, défini par son but, comme décidément rejetée par la jurisprudence [2]. Ce n'est pas elle que j'aurai spécialement en vue dans les pages suivantes. Il est bon d'observer, toutefois, que les motifs juridiques que j'invoquerai dans la seconde partie de cette étude ont une

---

[1] Voy. l'exemple cité par M. Laferrière lui-même, et le jugement du tribunal de la Seine du 14 octobre 1886, rejetant la demande en restitution formée par le directeur du journal *la Revanche* contre le préfet de police.

[2] Elle est également repoussée en doctrine par M. Aucoc (*Conférence*, t. I, n° 289, et *Revue critique de Législ. et de Jurisp.*, 1883, p. 266) ; — et par M. Dareste (*Traité de la justice administrative*, p. 222). — Je dois faire observer toutefois que les commissaires du Gouvernement sur les conclusions desquels ont été rendus les divers arrêts cités au texte ne repoussent pas tous cette doctrine avec netteté, et que quelques-uns même semblent l'admettre. Ainsi, M. le Commissaire du Gouvernement Gauvain, dans ses conclusions sur l'affaire de suspension des traitements ecclésiastiques, admet formellement pour le Gouvernement le droit de se mettre au-dessus des lois en cas de nécessité, sans avoir à rendre compte de ses actes devant un tribunal. S'il repousse dans l'espèce la qualification d'acte de gouvernement, c'est que ces arrêtés ne lui paraissent pas présenter le caractère de nécessité, d'urgence, qui seul peut permettre au Gouvernement de sortir de la loi.

portée générale, et sont aussi concluants contre cette première théorie
que contre la théorie courante, que je vais maintenant exposer.

II. — Cette seconde théorie, qui est aujourd'hui celle de la plupart
des auteurs, cherche à classer les actes du chef de l'État et de ses
ministres d'après leur nature intrinsèque. Elle consiste à voir dans
l'Administration et le Gouvernement deux fonctions distinctes, ou
même plus exactement deux *pouvoirs* distincts, deux *autorités* différentes, bien que ces deux pouvoirs ou ces deux autorités soient
confiés aux mêmes mains. « Administrer, dit encore M. Laferrière[1],
c'est assurer l'application journalière des lois, veiller aux rapports
des citoyens avec l'administration centrale ou locale et des diverses
administrations entre elles. Gouverner, c'est pourvoir aux besoins de
la société politique tout entière, veiller à l'observation de sa constitution, au fonctionnement des grands pouvoirs publics, aux rapports
de l'État avec les puissances étrangères, à la sécurité intérieure et
extérieure. — Ce qui domine dans l'acte de gouvernement, c'est donc
son caractère politique... — Il ne faut pas conclure de là que tout
acte du pouvoir exécutif, inspiré par des considérations d'ordre poli-
que et gouvernemental, soit par cela seul un acte de gouvernement
contre lequel les citoyens n'auraient aucun recours d'ordre juridique.
La compétence dépend de la *nature* des actes et non des *mobiles* qui
les inspirent ». — « Le Gouvernement, dit de son côté M. Ducrocq,
est la portion du pouvoir exécutif qui a mission de diriger le pays
dans les voies de son développement intérieur et de ses relations
extérieures, tandis que l'Administration en est le complément et l'action
vitale ». — « Il est la tête, elle est le bras de la société », ajoute-t-il
en citant Macarel ; et, en exposant le principe de la séparation des
pouvoirs, il divise le pouvoir exécutif en trois branches : le gouvernement, l'administration, la justice ; trois autorités distinctes, bien
que les deux premières soient réunies dans les mêmes mains[2]. —
Enfin, M. Aucoc dit, dans un sens analogue[3] : « Les attributions
(du pouvoir exécutif) se rattachent à deux ordres d'idées différentes
qu'il importe de bien distinguer, le Gouvernement et l'Administra-

---

[1] T. II, p. 3a.
[2] Ducrocq, t. 1, nᵒˢ 2/1, 3a, 6/1.
[3] *Conférences*, t. 1, nᵒ 38.

tion. Quand on distingue le Gouvernement de l'Administration, on entend mettre dans une catégorie spéciale la direction des affaires auxquelles on réserve le nom de politiques, c'est-à-dire les rapports du chef de l'État avec les grands corps de l'État ; la convocation des électeurs pour la nomination des sénateurs et députés ; la convocation de la Chambre des députés et du Sénat, la clôture de leur session, la dissolution de la Chambre des députés ; — le soin d'entretenir les relations diplomatiques avec les puissances étrangères ; — la disposition de la force publique ; — l'exercice du droit de grâce ; — la collation des titres de noblesse. »

Qu'on allonge plus ou moins la liste (elle est loin d'être identique dans tous les auteurs), l'idée générale est toujours la même. On fait de l'Administration et du Gouvernement deux pouvoirs distincts, agissant dans deux sphères différentes ; d'où il résulte sans peine que les règles de l'un ne sont pas les règles de l'autre, et par conséquent que les textes qui admettent certains recours à l'égard des actes de l'Administration ne sont pas applicables aux actes du Gouvernement. La seule difficulté, le principe étant admis, est de définir exactement le domaine de chacune de ces deux autorités. — Si l'on fait trop large la part de l'autorité gouvernementale, on risque de retourner, par une voie indirecte, à la théorie précédente. Qu'on dise, par exemple, que le domaine gouvernemental comprend tout acte du chef de l'État ayant une portée générale, devant influer sur la direction politique du pays (ce qui, à tout prendre, serait bien le sens propre du mot), on soustrait par là-même au recours contentieux tout acte que le Gouvernement considère comme ayant une importance politique, alors même que cet acte blesserait des droits privés. Pour ne pas tomber dans ce reproche, les auteurs sont amenés à ne pas se contenter de la définition assez vague du Gouvernement et de l'Administration ; ils y ajoutent des énumérations, et il est difficile de ne pas être frappé, à première vue, du caractère un peu arbitraire de ces énumérations : il y a des actes ayant une importance gouvernementale de premier ordre, la nomination et la révocation des fonctionnaires, par exemple, qui n'y sont pas compris ; et on y trouve, au contraire, des actes présentant un intérêt politique relativement moindre, tels que la collation des titres de noblesse. Cela tient, je crois, à ce qu'en faisant ces énumérations, les auteurs ne songent pas uniquement au sens naturel des mots *gouvernement* et *adminis-*

tration ; ils ont une arrière-pensée, qui est de ne pas enlever aux droits privés la protection à laquelle ils peuvent prétendre. Autant que possible, par conséquent, ils cherchent à ne pas comprendre dans l'énumération des actes de gouvernement ceux qui sont susceptibles de blesser des droits protégés par la loi : la nomination et la révocation des fonctionnaires n'y sont donc pas comprises, parce que la loi a accordé à un assez grand nombre de fonctionnaires des garanties particulières, qu'elle a posé des règles d'avancement hiérarchique et empêché les révocations arbitraires. Au contraire, la collation des titres de noblesse ne peut, en elle-même, léser aucun droit ; on la placera donc sans scrupule parmi les actes de gouvernement. Je ne dis pas que tel soit le critérium des auteurs éminents que j'ai cités ; c'est, au contraire, une théorie rationnelle qu'ils essaient de construire ; mais je suis persuadé que, dégagés de cette préoccupation d'ordre juridique, ils donneraient du mot *gouvernement* une définition plus large, et que cette définition serait en réalité plus scientifique. — Quoi qu'il en soit, du reste, on arrive, en dressant ces énumérations, à l'un des deux résultats suivants : ou bien on continue à classer parmi les actes de gouvernement quelques actes susceptibles de blesser les droits privés (en fait, il est difficile de l'éviter complètement), et alors on retombe, pour partie, dans tous les inconvénients du système qui définit les actes de gouvernement par leur but ; on laisse subsister au moins certains actes pour lesquels le Gouvernement est souverain, et les droits des particuliers peuvent être arbitrairement violés ; — ou, au contraire, on ne classe parmi les actes de Gouvernement que des mesures d'une nature si générale et si impersonnelle qu'elles ne peuvent jamais léser aucun droit particulier, et, dans ce cas, je reconnais que le système n'est pas dangereux, mais alors il est presque sans portée. Il n'est pas besoin, en effet, de construire une théorie semblable pour écarter de ces actes tout débat judiciaire ; ils y échappent par cela même qu'ils ne blessent aucun droit, un droit à faire valoir étant la première condition de toute action en justice. La seule action à laquelle on pourrait songer, en ce qui les concerne, serait le recours pour excès de pouvoir à raison d'incompétence ou de vice de forme, ce recours appartenant à toute partie intéressée sans qu'il soit besoin qu'elle allègue la violation d'un droit. C'est en effet à cela que se réduit en fait, pour quelques auteurs, la conséquence de leur théorie de l'acte de gouvernement. Mais cette conséquence même n'a, en réalité, qu'une bien faible valeur juridique, car, dans presque tous les cas, le recours pour excès de pouvoir sera déjà écarté, à l'égard de ces actes, par l'application des règles qui lui sont propres. C'est un point qui apparaîtra de lui-même à la fin de ce travail quand j'aurai passé en revue, dans sa dernière partie, les principales applications qui ont été faites de la théorie précédente.

III. — Le système que je viens d'exposer, en essayant d'en mesurer les conséquences et la portée, constitue aujourd'hui la théorie courante de l'acte de gouvernement, et c'est contre lui surtout que mes arguments seront dirigés. Je puis sans inconvénient, dans cette analyse sommaire des diverses définitions proposées, négliger celles qui n'ont été soutenues que par des auteurs isolés, et qui ne peuvent être défendues d'aucun argument spécial[1]. Toutefois, avant d'exposer la théorie que je me propose de soutenir, je dois encore faire remarquer que, la définition une fois établie, tous ses partisans ne sont pas absolument d'accord sur ses conséquences. La plus généralement admise est que l'acte de gouvernement n'est susceptible d'aucun recours devant les tribunaux administratifs, ni à fin d'annulation, ni à fin d'indemnité ; en d'autres termes, que les contestations soulevées par cet acte n'appartiennent pas au contentieux administratif. — Mais les auteurs se divisent quand il s'agit de savoir si l'acte, qui est ainsi soustrait à tout recours administratif, échappe également à toute appréciation de l'autorité judiciaire. — Les uns estiment qu'il n'appartient pas aux tribunaux judiciaires d'apprécier les actes de gouvernement, alors même que l'on prétendrait que ces actes portent atteinte à la propriété ou aux droits individuels. Le pouvoir exécutif, dans la sphère gouvernementale, n'a, d'après ce système, d'autre contrôle à subir que celui des Chambres et de l'opinion publique. C'est le système que

---

[1] Ainsi l'on trouve énoncée dans certaines dissertations cette idée que, pour qu'un acte soit considéré comme acte de gouvernement, il faut qu'il émane du chef de l'État, seul investi de la puissance souveraine ; les actes des autorités inférieures, maires, préfets, ministres même, ne seront donc jamais que des actes administratifs (v° Reverchon, *Revue pratique*, t. 24, p. 30 et suiv.). Je n'ai pas à m'expliquer sur cette idée puisque je rejette le principe lui-même. Je fais observer toutefois que cette distinction n'a guère pu être soutenue que sous la constitution impériale, et qu'il serait difficile de la reproduire aujourd'hui. Tout au moins faudrait-il la transposer, et appliquer au pouvoir ministériel ce qu'on disait jadis du chef de l'État.

nous avons vu tout à l'heure suivi par les partisans de la définition extensive de l'acte de gouvernement, mais qui peut l'être aussi par les partisans de la définition restrictive, et qui, en fait, est celui de la plupart d'entre eux[1]. — D'autres réservent l'intervention de l'autorité judiciaire, non pas, bien entendu, en lui donnant la possibilité d'annuler l'acte gouvernemental, mais en lui conférant le droit de statuer à côté de l'acte et de maintenir à son encontre les droits individuels. Ainsi, M. Dareste[2] expose ainsi le principe fondamental : « De même que les actes législatifs, les actes de gouvernement ne peuvent donner lieu à aucun recours contentieux, ni direct à fin d'annulation, ni indirect à fin d'indemnité, — sauf le droit, dont les tribunaux ne peuvent être dépouillés, de garantir l'état civil, la liberté et la propriété des simples citoyens contre toutes voies de fait qui ne rentrent pas dans l'exercice des pouvoirs constitutionnels ». M. Aucoc a particulièrement insisté sur cette distinction, et c'est lui qui l'a précisée avec le plus de soin ; il l'a présentée au Conseil d'État dans le rapport sur l'affaire du duc d'Aumale, en 1867 ; il l'a exposée de nouveau dans ses conférences, et enfin y est revenu dans un article de la *Revue Critique,* où il cherche à démontrer que ce correctif enlève au système tout son danger[3]. On peut convenir, en effet, que les inconvénients en sont diminués. Cependant, il ne serait pas exact de dire que les droits des particuliers ont, dans ce système, une protection aussi efficace que celle qu'ils obtiendraient si l'on effaçait complètement la théorie de l'acte de gouvernement. En leur refusant le recours en annulation devant le Conseil d'État pour cause d'excès de pouvoir, on leur refuse précisément la voie de recours la plus radicale et la plus sûre. Autre chose est d'obtenir l'annulation complète et absolue de l'acte entaché d'excès de pouvoir, comme on peut l'obtenir devant le Conseil d'État ; autre chose d'obtenir seulement que, sur un point spécial, à l'occasion d'une contestation engagée, les tribunaux ne tiennent pas compte de cet acte. Dans le premier cas, on efface d'un trait la mesure avec toutes ses conséquences ; dans le second cas, l'acte subsiste, et peut-être produira-t-il des effets sur d'autres points

---

[1] Notamment M. Laferrière, loc. cit., p. 31.

[2] *Justice administrative,* p. 232.

[3] D., 67, 3, 51 ; — *Conférences,* t. I, p. 496 ; — *Rev. critique,* 1883, p. 266.

ou à l'égard d'autres personnes. — D'ailleurs, qui ne sait combien il est difficile d'engager devant les tribunaux judiciaires une action relative à des actes administratifs, et à plus forte raison à des actes de gouvernement? Grâce à la théorie du conflit, le tribunal pourra, en général, être dessaisi de l'action portée devant lui. Cela paraît à peu près évident si c'est contre l'Administration que l'action est dirigée [1]; et si elle l'est contre l'administrateur, cela sera encore vrai, la plupart du temps, car là encore le conflit sera possible, et, d'après la jurisprudence actuellement en vigueur [2], l'action ne reviendra devant les tribunaux civils que si l'acte qui sert de base à la demande constitue un *fait personnel* au fonctionnaire qui en est l'auteur. Si c'est un *acte de la fonction*, dans lequel le fonctionnaire a eu en vue non pas son intérêt privé ou ses passions personnelles, mais l'intérêt général, l'arrêté de conflit sera validé et les tribunaux judiciaires définitivement dessaisis. On arrivera ainsi à fermer successivement au plaideur la porte de toutes les juridictions : celle du Conseil d'État, à raison de la nature gouvernementale de l'acte ; celle des tribunaux, par la voie du conflit. On n'échapperait à ce danger qu'en soutenant que le conflit, qui est possible lorsque les tribunaux ont à apprécier un acte administratif proprement dit, est impossible lors-qu'ils ont à apprécier un acte de gouvernement. Mais est-ce vraiment soutenable? En tous cas, la jurisprudence ne l'admet pas, et l'on peut citer des exemples où, par suite de cette théorie, les parties ont été successivement repoussées devant les tribunaux judiciaires et

---

[1] Si en effet l'action est dirigée contre l'Administration elle-même, on aura à débattre directement la validité de l'acte gouvernemental, et il est clair qu'en prin-cipe les tribunaux ne sont pas compétents pour l'apprécier. Je sais bien que leur compétence devra être admise toutes les fois qu'il s'agira de réprimer une *voie de fait* portant atteinte à la propriété ou aux droits individuels, même quand cette voie de fait proviendra de l'Administration. Mais toute atteinte à un droit privé provenant de l'Administration ne constitue pas une voie de fait. Si, comme il arrivera le plus souvent, l'Administration invoque un texte où elle prétend puiser les pouvoirs qu'elle s'arroge, la question à débattre ne sera plus, du moins en géné-ral, de la compétence judiciaire. (Voy. notamment sur ce point la décision du Tribunal des Conflits du 5 novembre 1880, D., 80, 3, 121).

[2] Voy. Conflits, 30 juillet 1873, D., 74, 3, 5 et les nombreux arrêts postérieurs qui ont appliqué la même doctrine, notamment 29 décembre 1877, D., 78, 3, 20; — 29 novembre 1879, D., 80, 3, 97, etc.

devant le Conseil d'État[1]. — Enfin, supposez que par un biais quelconque on échappe aux dangers que je viens de signaler, on aura enlevé au système des actes de gouvernement ses inconvénients les plus graves, mais ne lui aura-t-on pas enlevé aussi son unité logique et son utilité pratique? S'il est nécessaire que le Gouvernement soit, en ce qui concerne ces actes, au-dessus de tout contrôle juridictionnel, il faut écarter le contrôle des tribunaux judiciaires autant et plus que celui des tribunaux administratifs. Si, au contraire, cette absence de tout contrôle est dangereuse, pourquoi distinguer entre les deux ordres de tribunaux? Pourquoi ne pas laisser les actes de gouvernement dans le droit commun, et ne pas les soumettre aux mêmes voies de recours que les actes administratifs se produisant dans les mêmes formes et émanant des mêmes autorités? — Je n'insiste pas davantage sur cette opinion, qui sera du reste écartée, comme les systèmes précédents, par les motifs que j'invoquerai bientôt contre le principe même d'une distinction entre les actes de gouvernement et les actes d'administration.

---

[1] C'est ce qui est arrivé notamment dans une affaire Goulet, sur laquelle je reviendrai à propos des actes diplomatiques : l'action du sieur Goulet, introduite d'abord devant le tribunal civil, échoua devant un arrêté de conflit, validé par décision du Tribunal des Conflits du 14 décembre 1872 ; introduite ensuite devant le Conseil d'État, sous la forme d'un recours pour excès de pouvoirs, elle fut repoussée comme relative à un acte de gouvernement, le 14 mars 1873 (D., 73, 3, 10 et 76). — De même, la réclamation de la famille de Montmorency contre le décret impérial conférant au comte de Talleyrand-Périgord le titre de duc de Montmorency, a échoué d'abord devant la Cour de Paris, qui s'est déclarée incompétente (8 août 1865, D., 65, 2, 122), ensuite devant le Conseil d'État, qui a vu dans le décret attaqué un acte de gouvernement (28 mars 1866, D., 66, 3, 49). — L'affaire même concernant la saisie de l'*Histoire des Princes de Condé* montre combien est difficile, dans les questions de ce genre, l'accès des tribunaux judiciaires ; avant d'adresser leur réclamation au Conseil d'État, le duc d'Aumale et l'éditeur Michel Lévy l'avaient portée devant les tribunaux, et avaient dû s'arrêter devant la fin de non-recevoir tirée de l'art. 75 de la constitution de l'an VIII (Req., 15 nov. 1865, D., 66, 1, 49). Il est vrai qu'après le rejet du recours pour excès de pouvoirs par le Conseil d'État (9 mai 1867, D., 67, 3, 49), le livre leur fut rendu volontairement par le Gouvernement, sans attendre le résultat d'un nouveau procès engagé devant le tribunal de la Seine, et dirigé, non plus contre le préfet de police, mais contre l'État lui-même. Mais si les débats avaient recommencé, le tribunal se serait-il déclaré compétent? C'est un point au moins douteux.

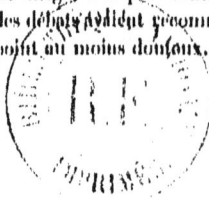

2

IV. — En présence de ces divers systèmes, il ne me reste plus qu'à placer celui qui, pour moi, exprime la véritable pensée de nos lois administratives.

Pour cela, il faut remonter au principe fondamental de notre organisation constitutionnelle : celui de la séparation des pouvoirs. Il y a deux pouvoirs primordiaux : le pouvoir législatif, dont la mission est de tracer pour l'avenir les règles générales auxquelles seront soumis les rapports sociaux ; et le pouvoir exécutif, dont la mission est d'appliquer et de faire respecter ces règles. Le pouvoir exécutif se subdivise lui-même en deux autorités parfaitement distinctes, et entre lesquelles nos lois ont toujours eu soin, depuis 1789, de tracer une séparation profonde [1] : l'autorité administrative (que l'on appellera, si l'on veut, autorité gouvernementale et administrative) et l'autorité judiciaire. — Celle-ci est chargée d'assurer l'application de la loi aux faits accomplis : une infraction à la loi ayant été commise, elle en poursuit et en assure la répression ; deux particuliers étant en contestation sur leurs obligations réciproques ou sur leurs droits respectifs, elle statue sur l'étendue de ces droits ou de ces obligations au moment où elle est saisie ; elle ne donne pas de règles générales, et si elle dispose pour l'avenir, ce n'est jamais qu'en indiquant quels seront, pour l'avenir, les résultats légalement nécessaires des faits passés. Ses décisions sont des syllogismes ayant pour majeure les faits accomplis, et pour mineure les dispositions de la loi qui prévoient ces faits et en indiquent les conséquences. — Tout autre est la mission de l'autorité administrative : elle est chargée, dans le cercle tracé par la loi et au moyen des pouvoirs que celle-ci lui confie, de pourvoir aux besoins collectifs de la société, par exemple de lui assurer la sécurité en la défendant contre ses ennemis exté-

---

[1] C'est à cause de cette séparation que beaucoup de publicistes, à la suite de Montesquieu (peut-être sur ce point mal compris), font de l'autorité judiciaire un troisième pouvoir qu'ils placent sur la même ligne que le pouvoir législatif et le pouvoir exécutif. Je montrerai tout à l'heure que c'est à cette théorie des trois pouvoirs que se rattachent expressément les textes fondamentaux de notre droit public. Il me paraît plus correct de voir dans l'autorité judiciaire une branche du pouvoir exécutif. Mais cela n'a pas d'importance au point de vue de la question qui fait l'objet de cette étude ; et il est permis d'adopter une classification autre que celle des textes, si, comme c'est ici le cas, on ne lui fait produire aucune conséquence juridique.

rieurs et intérieurs, de protéger et de faciliter son développement
économique et son développement moral. Elle a, pour l'accomplis-
sement de cette tâche, un pouvoir plus large, moins strictement
défini à l'avance que celui de l'autorité judiciaire. D'une part, elle
peut statuer pour l'avenir (à condition de ne pas empiéter sur le
domaine réservé au législateur), par voie de disposition générale et
réglementaire. D'autre part, ses décisions, même sur les points les
plus spéciaux, ne lui sont pas toujours dictées par la loi elle-même ;
elle agit le plus souvent d'une manière toute spontanée, en prenant
une mesure qu'elle pourrait ne pas prendre et de l'opportunité de
laquelle elle reste seule juge. Ainsi, elle exécute des travaux publics,
parce qu'elle les juge nécessaires ou utiles ; et elle les exécute ici
plutôt que là, parce que c'est ainsi qu'ils lui paraissent présenter la
plus grande somme d'avantages. Elle subventionne, avec les ressources que la loi met entre ses mains, les œuvres et les entreprises
qui lui paraissent offrir un caractère d'intérêt général. Elle apprécie
souverainement cette utilité publique ou cet intérêt général ; et,
pourvu qu'elle n'excède pas ses pouvoirs et ne viole pas les droits
privés, personne ne peut réclamer contre ses décisions, si ce n'est
devant elle-même et à titre purement gracieux.

Il s'en faut donc de beaucoup que tous les actes de l'administration
puissent donner lieu à un débat contentieux devant un tribunal. Le
contentieux ne commence que lorsque l'administration a dépassé la
limite des pouvoirs qui lui sont conférés par la loi. Une contestation
peut surgir alors, très analogue à celles qui s'élèvent entre les particuliers devant les tribunaux. La seule différence c'est que l'Administration
est partie au procès, et qu'en conséquence, pour des motifs que je n'ai
pas à développer ici, on en a enlevé la connaissance, du moins en général, aux tribunaux de l'ordre judiciaire, pour la confier à des tribunaux créés dans le sein de l'Administration elle-même. Mais ces tribunaux administratifs ont une mission tout à fait semblable à ceux des
tribunaux de droit commun ; comme eux, ils doivent appliquer la loi
aux faits accomplis, et ils ne peuvent accueillir la réclamation contre
un acte administratif que si l'auteur de cet acte est sorti des limites de
son pouvoir discrétionnaire et a violé la loi. — Cela peut avoir lieu du
reste de deux façons : l'acte peut blesser un droit privé que la loi sanc-
tionne et protège ; dans ce cas le demandeur invoque un droit, comme
cela est en général nécessaire pour toute action en justice ; l'affaire alors

est le plus souvent de la compétence des tribunaux administratifs, mais pas toujours ; elle peut parfois, par exemple s'il s'agit d'une atteinte au droit de propriété, être de la compétence des tribunaux judiciaires. Il se peut au contraire que la violation de la loi n'entraîne lésion d'aucun droit privé ; c'est ce qui se produit quand elle consiste simplement dans ce fait que l'administrateur a statué en dehors de sa compétence ou sans observer les formes qui lui sont prescrites par la loi. Alors naît, un peu en dehors de la théorie générale des actions, mais consacré par une jurisprudence ancienne, et régularisé par la loi du 24 mai 1872, art. 9, un recours en annulation ouvert à toute personne intéressée ; c'est le recours pour excès de pouvoir qui est en règle toujours porté directement devant le Conseil d'État. — En dehors de ces deux cas, pas de réclamation contentieuse : l'acte de l'Administration est un acte discrétionnaire ou purement administratif, qu'aucun tribunal ne peut annuler ni réformer.

Telle est, réduite à ses termes les plus simples, la théorie des recours contentieux contre les actes de l'autorité administrative. Toute ma thèse consiste à soutenir que cette théorie (admise de tous, sauf les divergences toujours possibles sur les points de détail) s'applique aux actes dits *actes de gouvernement* aussi bien qu'aux actes de l'Administration proprement dite, et qu'il n'y a, entre les deux catégories, aucune différence juridique. On voit de suite que ces actes, dits actes de gouvernement, échapperont fréquemment à tout recours contentieux aussi bien que les actes administratifs ordinaires; ils y échapperont même en fait plus souvent que ces derniers, à cause de leur caractère général, parce qu'ils contiendront moins souvent la violation d'un droit privé, et parce qu'à leur égard la loi ne trace d'ordinaire à l'avance aucune limite au pouvoir chargé d'agir ; mais, s'ils y échappent, ce sera uniquement parce qu'ils ne contiendront ni violation de droit, ni excès de pouvoir, et non à cause de leur caractère gouvernemental. Nous trouverons donc des hypothèses dans lesquelles les actes gouvernementaux seront susceptibles d'un recours contentieux, comme nous en trouvons dans lesquelles les actes de l'Administration proprement dite ne peuvent être l'objet d'aucun recours.

Quelques observations sont cependant nécessaires pour préciser le sens de cette théorie. Elle comporte en effet, comme toute théorie un peu vaste, un certain nombre d'exceptions, et quelques-unes de ces exceptions se présentent précisément dans des hypothèses qui, pour la doctrine courante, constituent des actes de gouvernement. Il est donc important de les indiquer dès maintenant, sauf à renvoyer à la dernière partie de ce travail l'étude particulière de celles qui exigent des explications quelque peu détaillées :

1° Les actes émanés d'agents compris dans la hiérarchie administrative ne sont pas tous sans exception de véritables actes administratifs. Le principe de la séparation des pouvoirs n'est pas entendu dans notre droit avec une rigueur telle qu'il n'admette aucune collaboration entre les divers pouvoirs. On trouvera donc parfois des actes qui seront l'œuvre matérielle d'agents administratifs, et qui seront en réalité des actes judiciaires ou des actes législatifs. Ils seront alors soustraits à la théorie précédente et soumis aux règles qui leur sont propres. — Ainsi il faut classer parmi les actes relevant de l'autorité judiciaire et non du pouvoir administratif, les actes faits par les maires et autres officiers municipaux, soit en qualité d'officiers de police judiciaire, soit en qualité d'officiers de l'état civil ; de même les actes d'instruction faits par le préfet de police à Paris et par les préfets dans les départements, en vertu de l'art. 10 du Code d'Instruction criminelle ; de même aussi les décisions des consuls, lorsqu'elles ont le caractère d'actes de juridiction, et quelques autres actes du même genre[1]. — En vertu de la même idée, il faut placer parmi les actes législatifs, et non parmi les actes d'administration, les décrets du chef de l'État réglant des matières sur lesquelles la constitution ou les lois lui ont conféré la puissance législative, notamment des matières de législation algérienne ou coloniale. Le chef de l'État, dans ce cas, n'agit pas comme agent du pouvoir exécutif, mais comme représentant, comme délégué de la puissance législative. Ses actes participent donc, jusqu'à un certain point, de la souveraineté de la loi. Jusqu'à un certain point seulement, parce que, comme le dit excellemment M. Laferrière[2], « de ce que le pouvoir exécutif a le droit de légiférer en Algérie et aux colonies, il ne s'ensuit pas que tous ses décrets soient des lois. » Ils peuvent, comme dans la France

---

[1] Voy. sur cette énumération : Laferrière, loc. cit., t. II, p. 391. — Voy. aussi une application de cette idée dans la décision du Tribunal des Conflits du 25 mars 1889 (*Gaz. des Tribunaux* du 27 mars 1889).

[2] Eod., t. II, p. 8.

continentale, porter sur des matières qui rentrent dans les attributions du pouvoir exécutif, et alors ils seront soumis aux mêmes voies de recours que les décrets ordinaires. Le tribunal saisi du recours aura le droit de vérifier quelle est la nature de l'acte, et s'il rentre ou ne rentre pas dans l'exercice du pouvoir législatif; il ne pourra accueillir le recours que dans ce second cas. — Peut-être aussi, mais la question est plus douteuse, faut-il ranger parmi les actes législatifs les règlements d'administration publique rendus en vertu d'une délégation spéciale du législateur. Je ne veux pas examiner ici la question débattue de savoir si l'on peut former contre ces actes un recours pour excès de pouvoir devant le Conseil d'État; je constate seulement que, s'ils échappent à ce recours, ce n'est pas à titre d'actes de gouvernement, mais à titre d'actes législatifs; et en tous cas il faut toujours réserver à leur égard, pour les tribunaux, le droit de ne les appliquer qu'après avoir vérifié leur existence légale et leur force obligatoire. Si donc le règlement n'avait pas été rendu dans les formes prescrites, ou contenait des dispositions législatives non comprises dans la délégation, les tribunaux auraient le droit de n'en pas tenir compte. — Enfin on cite encore, comme actes du chef de l'État participant à l'exercice du pouvoir législatif, les *décrets–lois* rendus pendant les périodes dictatoriales, notamment en 1852 et en 1870; et cela est exact, mais à condition de remarquer que ces décrets–lois n'ont reçu leur valeur que d'une confirmation législative postérieure, et que par conséquent ils doivent être considérés comme émanant en réalité du pouvoir législatif;

2° Inversement, il existe des actes administratifs émanant d'autorités qui ne sont pas comprises dans la hiérarchie administrative; ce sont les actes d'administration que les Chambres accomplissent en forme de lois : déclarations d'utilité publique, concessions de travaux publics, actes de tutelle administrative. Ces actes sont absolument de même nature que les actes accomplis par l'Administration elle-même, et n'en diffèrent que par leur importance. La déclaration d'utilité publique, par exemple, doit être faite tantôt par une loi, tantôt par un décret, suivant l'importance des travaux à effectuer; de même l'autorisation d'emprunter doit être donnée aux communes, lorsqu'une autorisation leur est nécessaire, tantôt par une loi, tantôt par un décret, tantôt par un simple arrêté préfectoral, suivant la gravité de l'emprunt. — Bien qu'il y ait là toujours de purs actes administratifs, ils ne peuvent cependant pas, quand ils émanent du législateur, être soumis aux mêmes recours que lorsqu'ils émanent de l'Administration ordinaire. Ici la forme emporte le fond ; et ces actes participent de la souveraineté de la loi ;

3° Les traités diplomatiques sont également soustraits en partie à la théorie générale, mais ce n'est pas à titre d'actes de gouvernement ; c'est à raison de ce fait qu'ils sont l'œuvre de deux parties contractantes, et que l'une de ces parties ne peut être soumise à la compétence d'un tribunal français ; c'est une idée sur laquelle je reviendrai plus bas ;

4° Il en est de même des actes par lesquels s'expriment les rapports du chef de l'État avec les grands pouvoirs publics : convocation des électeurs pour la nomination des sénateurs et députés ; convocation et prorogation des Chambres ; dissolution de la Chambre des députés, etc... Ces actes, qui sont des actes de gouvernement au sens que je préciserai tout à l'heure, sont également soustraits à tout recours juridictionnel ; mais il y a à cela des raisons autres que leur caractère gouvernemental [1] ;

5° Enfin il existe certaines matières pour lesquelles les voies de recours de droit commun ne s'appliquent pas, parce qu'on a organisé à leur égard, à la place de ces voies de recours, une sorte de juridiction particulière. Parmi ces matières que l'on a appelées d'un nom qui pourrait être remis en honneur, *matières quasi-contentieuses* [2], je citerai notamment celle des recours pour abus et celle des prises maritimes. Ce n'est pas devant le Conseil d'État statuant au contentieux, mais bien devant le Conseil d'État corps administratif, que sont portés les recours pour abus contre les actes des autorités civiles ou ecclésiastiques, en vertu des art. 6 et 8 de la loi du 18 germinal an X ; la décision est donc rendue par un décret en Conseil d'État, et non par un arrêt du conseil investi de pouvoirs propres ; et il est certain que cette décision une fois rendue n'est pas susceptible d'être déférée au Conseil d'État statuant au contentieux, ni à aucun autre tribunal. De même, c'est un décret en Conseil d'État et non un arrêt au contentieux qui statue en appel sur les affaires de prises maritimes ; et assu-

---

[1] Pour ces deux dernières classes d'actes, v. *infra*, p. 50 et 56.

[2] Cormenin, *Droit administratif*, t. I, p. 35 (Titre I, ch. 3, § 20) ; — F. Laferrière, *Cours de droit public et administratif*, t. II, p. 784 (L. III, t. 2).

rément ici encore sa décision n'est susceptible d'aucun recours. —
Que ce soit à raison de l'intérêt politique ou diplomatique présenté
par ces sortes d'affaires que le Gouvernement s'en est réservé le jugement, cela n'est pas douteux. Mais c'est trancher trop sommaire-
ment la question que de dire : les décisions rendues dans ces deux
cas par le Gouvernement en Conseil d'État échappent à tout recours,
parce que ce sont des actes de gouvernement. La vérité est qu'elles
y échappent parce qu'elles sont déjà elles-mêmes des jugements rendus
en dernier ressort ; le Gouvernement en Conseil d'État joue ici le rôle
d'un tribunal, présentant sans doute moins de garanties aux particuliers que le Conseil d'État statuant au contentieux, mais jugeant
un véritable procès, et ayant le devoir d'appliquer aux faits accomplis
les dispositions légales qui les prévoient. Cela est surtout frappant en
matière de prises maritimes, puisque le Gouvernement statue seulement en appel, après décision du conseil des prises, et que les parties
ont un délai de trois mois pour interjeter cet appel. C'est là une
règle de procédure qui ne s'explique que par la nature au moins
quasi-contentieuse de la question débattue. S'il n'y a rien de semblable en matière d'abus, et si la procédure est encore plus purement
administrative, cela ne change rien au fond du droit ; il s'agit d'un
véritable recours, qui ne peut être formé que par des personnes déter-
minées et dans des cas énumérés par la loi. De ce que le tribunal est
le Gouvernement lui-même, on ne peut tirer aucune conséquence
quant à la théorie générale du contentieux administratif. C'est une
simple anomalie juridique, qui s'explique du reste trop facilement
pour qu'on puisse s'en étonner.

V. — Y a-t-il place dans cette théorie pour une distinction entre le
Gouvernement et l'Administration ? — Non, au point de vue juridique. On pourra, si l'on veut, donner le nom d'actes gouvernementaux aux actes énumérés ci-dessus, et qui, pour diverses raisons, ne
peuvent être l'objet d'aucun recours contentieux. Mais ce sera là un
simple groupement *a posteriori* et tout à fait artificiel. On ne dira
pas : tel acte échappe à tout recours contentieux parce qu'il est un
acte de gouvernement. On dira : nous donnons à tel acte le nom
d'acte de gouvernement parce que, *pour tel motif déterminé,* il
échappe à tout recours contentieux. Ce sera une simple constatation,
sans aucune conséquence pratique, et dans laquelle il ne faudra cher-

cher aucun critérium. Cette manière de s'exprimer sera à la rigueur acceptable, si on a soin d'en préciser la portée. Mais, outre qu'elle sera parfaitement stérile, elle aura l'inconvénient d'attribuer un sens de pure convention à un mot auquel on peut donner une signification naturelle, et dont on peut tirer des idées utiles.

En effet, si l'on fait abstraction du point de vue juridique et si l'on cherche seulement à établir une classification rationnelle des pouvoirs publics, la distinction entre l'Administration et le Gouvernement pourra être admise, et on pourra même l'établir plus logiquement que les auteurs préoccupés de lui faire produire des conséquences pratiques. — Le mot *Gouvernement* présente soit dans les textes, soit dans le langage courant, un sens assez flottant. Parfois il désigne l'ensemble des pouvoirs publics ; c'est en ce sens qu'on dit : gouvernement parlementaire, gouvernement monarchique ou républicain, etc.; c'est en ce sens qu'il paraît être pris dans la constitution de 1852 (t. II, art. 2 et 3). Dans une autre acception, d'un usage également courant dans la langue politique, il désigne le *pouvoir exécutif* par opposition au *pouvoir législatif;* c'est en ce sens qu'on parle d'interpeller le Gouvernement, de renverser le Gouvernement, etc.; c'est en ce sens qu'il est pris dans un certain nombre de textes qui exigent, pour divers actes, l'autorisation du Gouvernement, c'est-à-dire en somme l'autorisation du pouvoir exécutif, et qui ne s'expliquent pas sur le point de savoir quel est, parmi les agents du pouvoir exécutif, celui qui sera appelé à autoriser. (*Voir* par exemple les art. 152 à 155 du Code Forestier). D'autres fois, le mot *Gouvernement* désigne le pouvoir central, par opposition aux administrations locales ; nous le trouvons notamment avec cette signification dans l'art. 5 du décret du 25 mars 1852. — Toutes ces acceptions diverses n'ont aucune importance théorique, et l'on n'y peut trouver aucune lumière pour la science administrative. — En prenant le mot dans un sens plus précis et plus technique, et en l'opposant au mot *Administration,* on arrive à un résultat plus sérieux ; il désigne alors le *pouvoir politique,* c'est-à-dire cette portion du pouvoir exécutif qui donne aux services publics leur direction générale, l'impulsion première à laquelle obéiront les divers rouages de la machine administrative. M. Vivien, dans ses *Études administratives* [1], a parfaitement

---

[1] T. I, p. 39 et suiv.

dégagé cette distinction et en a montré l'importance pratique :
« Étroitement associé à l'Administration, il ne se confond pourtant
pas avec elle. Sa fonction est toute d'initiative, d'appréciation, de
direction, de conseil; c'est lui qui donne à l'Administration son
esprit général, sa pensée et, si l'on peut ainsi parler, son drapeau ;
à celle-ci est réservée l'action, c'est-à-dire l'exécution des lois et l'exercice matériel et pratique des pouvoirs confiés au Gouvernement. —
Le pouvoir politique est la tête, l'Administration est le bras. C'est
ainsi que chaque Gouvernement se sert de l'Administration pour
faire prévaloir son système et donner aux services publics l'impulsion
conforme à ses vues... Le pouvoir politique trace la voie et l'Administration l'y suit [1] ». Cette définition n'est pas autre au fond que
celle des auteurs à qui j'empruntais tout à l'heure mes citations ; mais
peut-on, comme ils le font, la compléter par une énumération des
actes de gouvernement? Je ne le pense pas. Toute énumération tron-
quera la notion même que l'on cherche à éclaircir. Si le Gouvernement est le pouvoir impulsif, tout acte, quelle que soit sa nature,
par lequel l'autorité centrale affirme la direction politique qu'elle
veut donner au pays, sera un acte de gouvernement. Ainsi que je
l'ai déjà fait observer, la plupart de ces actes directeurs ne blesseront
par eux-mêmes aucun droit; ils se borneront à poser des règles générales et n'atteindront personne d'une manière immédiate : ce seront,
par exemple, les décrets réglementaires qui organisent les divers services publics et en tracent à l'avance la marche ; les instructions générales données par les ministres à leurs agents ; les déclarations que
le Gouvernement fait devant les Chambres et les projets de lois qu'il
présente. Ces actes échappent à tout recours contentieux par leur
caractère même de généralité, et les droits privés ne pourront se
plaindre que quand ils recevront une atteinte moins théorique. Mais
que ce soient là les seuls actes par lesquels s'affirme la marche politique d'un Gouvernement, c'est ce que nul ne soutiendra. Quand le
Gouvernement révoque un fonctionnaire, expulse un étranger, ordonne
des poursuites contre un journal, il fait fréquemment acte politique,

---

[1] Voy. aussi une excellente définition des mots *administration* et *politique* dans
Bluntschli. *La politique*, liv. XI, ch. 1 ; — et *Théorie générale de l'État*, liv. VII,
ch. VII.

et cependant il s'agit là d'actes individuels qui restent soumis aux règles générales du contentieux et pour lesquels il ne peut dépasser les pouvoirs que lui confie la loi. « La politique ne peut marcher sans le secours de l'administration, dit Bluntschli[1], et nombre d'actes administratifs prennent un caractère politique par leur importance générale. L'homme d'État s'en remettra généralement à l'Administration pour une foule de choses ; mais dans certaines circonstances, il n'est pas d'acte administratif si minime qui ne doive attirer son attention ». C'est ce côté de la distinction qu'il est très dangereux de mettre en lumière lorsqu'on veut en tirer des conséquences juridiques ; mais pour ceux qui n'accordent à cette classification qu'un intérêt purement théorique, il n'y a plus aucun embarras à le préciser nettement.

La distinction ainsi comprise n'est pas du reste sans utilité : on peut en faire découler deux idées auxquelles l'homme d'État doit attacher une sérieuse importance. La première est celle que nous trouvons énoncée dans le préambule du décret de décentralisation du 25 mars 1852 : « Si l'on peut gouverner de loin on n'administre bien que de près ». L'impulsion générale doit venir du pouvoir central parce qu'elle doit être une ; mais les détails seront mieux et plus facilement réglés sur place par des administrateurs locaux plus rapprochés des administrés. Il faudra seulement réserver l'intervention du pouvoir central lorsque la solution d'une affaire, même de détail, pourra influer sur la direction de la politique générale. C'est une bonne partie de la thèse de la décentralisation administrative que l'on peut rattacher à cette première idée.

D'autre part, une étude attentive de cette distinction devra arrêter l'homme politique dans les envahissements qu'il serait tenté de commettre sur le domaine de l'Administration proprement dite. La société gagnera à ce que l'Administration, composée d'hommes compétents et spéciaux, voués à une besogne unique, puisse accomplir librement son œuvre en subissant aussi peu que possible les ingérences politiques : « Dans toutes les mesures générales, dit encore M. Vivien, l'Administration doit obéir à la politique en serviteur fidèle et dévoué ; sa résistance ou son mauvais vouloir serait une source de désordre.

[1] *La politique*, l. XI, ch. 1. — Traduction Riedmatten.

Mais, s'il en est ainsi dans ce qui constitue la conduite générale, les deux pouvoirs doivent se séparer, non pour se contrarier, mais pour se tenir dans leurs conditions respectives, lorsqu'il s'agit de l'exécution des lois, des mesures de détail et des rapports directs de la puissance publique avec les citoyens. En effet, dans les fonctions qui lui sont propres, l'*Administration remplit une véritable magistrature*. Les pouvoirs qu'elle exerce lui sont remis pour assurer d'autant mieux le service public par les règles qu'elle s'est faites, l'expérience qu'elle possède et les lumières dont elle est le foyer. S'agit-il des emplois? on attend d'elle qu'elle les confie aux plus dignes et aux plus capables; des allocations publiques dont la distribution est discrétionnaire? on attend d'elle qu'elle prenne pour base les besoins, les ressources, les sacrifices de chaque province, de chaque commune appelée au partage; des marchés à passer pour les fournitures? On attend d'elle qu'elle stipule les meilleurs prix et traite avec les hommes les plus honnêtes et les plus solvables [1] ». En un mot, l'Administration doit avant tout rechercher en toutes choses l'intérêt spécial du service public qui lui est confié. La politique poursuit un autre but : elle a en vue l'intérêt du système gouvernemental suivant lequel elle se dirige. Ce sont deux objets qui peuvent être contradictoires, et, quand ils le sont, ce n'est que très exceptionnellement que la politique doit faire prévaloir ses vues sur celles de l'Administration; sinon on arriverait bientôt à une désorganisation complète des services publics.

On voit que je suis loin de méconnaître l'importance de la distinction entre le Gouvernement et l'Administration; je pense seulement que cette distinction est purement théorique, et qu'en droit, il n'y a pas à en tenir compte. C'est ce que je vais maintenant chercher à démontrer.

II.

Les diverses théories étant indiquées, il nous faut en effet entrer dans la discussion. Les arguments sur lesquels on appuie la distinction entre les actes de gouvernement et les actes d'adminis-

---

[1] Loc. cit. p. 31.

tration sont loin d'être les mêmes dans tous les auteurs. Pour les uns, cette distinction n'a pas besoin d'être appuyée sur des textes ; elle résulte suffisamment des principes généraux de notre droit public. D'autres, au contraire, invoquent des textes spéciaux. C'est à ces deux points de vue que je vais successivement me placer : je vais chercher à démontrer tout d'abord que cette distinction ne découle nullement des règles générales du droit public, qu'elle est au contraire en contradiction soit avec les traditions de ce droit, soit avec les textes qui en posent les fondements. Cette démonstration faite, j'aborderai les textes spéciaux que l'on a invoqués contre nous.

I. — D'après un assez grand nombre d'auteurs, la distinction entre les actes administratifs et les actes gouvernementaux résulte tout naturellement des principes généraux sur la séparation des pouvoirs [1]. — Les pouvoirs publics se divisant en *pouvoir législatif* et *pouvoir exécutif*, on admet que ce dernier se subdivise à son tour en trois branches, auxquelles on donne les noms d'*autorité gouvernementale, autorité administrative, autorité judiciaire.* Si l'on s'arrête à cette classification, on n'a plus besoin de démontrer que les règles établies par les textes pour les actes administratifs ne s'appliquent pas aux actes de gouvernement ; cela va de soi, puisque ce sont des choses essentiellement différentes. Spécialement, les tribunaux administratifs n'étant institués, de l'aveu de tous, que pour juger le *contentieux administratif,* c'est-à-dire les contestations soulevées par les actes de l'autorité administrative, il s'ensuit qu'ils n'ont aucun contrôle et ne peuvent s'attribuer aucune juridiction sur les actes de l'autorité gouvernementale. — Le malheur est que cette classification qui en théorie pure n'est ni inexacte, ni inutile, ainsi que je l'ai déjà montré, n'a aucun point d'appui dans les textes et se trouve au contraire en contradiction absolue avec eux. Il est évident cependant que si on veut lui faire produire des conséquences juridiques, il ne suffit pas de l'établir rationnellement et *a priori* ; on est tenu de démontrer, non pas qu'elle constitue la meilleure classification possible, mais qu'elle a été acceptée par le droit positif français. Je ne veux pas dire par là qu'il faille produire un texte où elle se trouve formellement exprimée ; rien de plus conforme aux habitudes du législateur

[1] Ducrocq, *Droit administratif,* t. I, p. 32.

que de laisser à la doctrine le soin d'établir de semblables distinctions ;
mais au moins faudra-t-il montrer qu'il n'existe dans les textes ni
classification, ni disposition incompatible avec elle. — Or, un rapide
examen des textes fondamentaux de notre droit public suffit au contraire à prouver qu'entre eux et la théorie proposée l'incompatibilité
est complète.

Le principe de la séparation des pouvoirs n'appartient pas, en
effet, à la pure philosophie politique. C'est un principe de droit positif qui est posé, développé et sanctionné par des textes nombreux.
Il suffit de lire ces textes pour s'apercevoir qu'ils embrassent toujours sous une même dénomination, d'ailleurs variable *(pouvoir exécutif, administration, autorité administrative,* quelquefois *gouvernement)*, les deux branches du pouvoir exécutif que l'on veut distinguer en les appelant, l'une, autorité administrative, l'autre, autorité
gouvernementale. En cela, du reste, ils ne font que se conformer à la
doctrine traditionnelle des trois pouvoirs qui était celle de Montesquieu, et par suite celle des théoriciens de l'Assemblée constituante et
des Assemblées postérieures. Ce sont les lois de l'Assemblée constituante qui nous fournissent sur ce point les citations les plus nombreuses et les plus décisives. Tout le monde connaît le texte classique
de la loi des 16-24 août 1790 (t. II, art. 13), qui pose le principe
de la séparation de l'autorité administrative et de l'autorité judiciaire :
« Les fonctions judiciaires sont distinctes et demeureront toujours sé-
parées des fonctions administratives. Les juges ne pourront, à peine
de forfaiture, troubler, de quelque manière que ce soit, les opérations
des corps administratifs, ni citer devant eux les administrateurs pour
raison de leurs fonctions ». Personne ne soutiendra sans doute que,
dans ce texte, les mots *fonctions administratives* sont entendus dans
un sens étroit, excluant les fonctions gouvernementales ; sinon il faudrait en conclure que les tribunaux ne peuvent, à peine de forfaiture,
empiéter sur l'Administration, mais que rien ne les empêche de s'immiscer dans les affaires du Gouvernement ; conclusion qui, on en
conviendra, n'était point dans les vues de l'Assemblée constituante [1].
Cette Assemblée a d'ailleurs, dans deux autres documents très précis,

---

[1] Nous trouvons dans la même loi des 16-24 août 1790 un texte défendant aux
juges de s'immiscer dans les fonctions législatives ; nous n'en trouvons pas qui leur
interdise d'empiéter sur les fonctions gouvernementales.

exprimé ses idées sur la séparation des pouvoirs. Dans une loi en forme d'instruction, datée des 16-20 août 1790, elle fait aux administrations inférieures un petit exposé de droit constitutionnel, qui distingue avec une grande netteté les trois pouvoirs, sans faire aucune allusion à la subdivision du pouvoir exécutif en deux branches[1]. Enfin, dans la constitution qu'elle élabore, celle des 3-14 septembre 1791, elle consacre un titre entier (le titre III) à la théorie des pouvoirs publics ; elle y distingue toujours trois pouvoirs, et place tout ce qui est relatif à l'administration intérieure (elle entend par là seulement les administrations locales) dans le chapitre consacré au pouvoir exécutif. Le chapitre V de ce même titre, art. 3, répète, en termes presque identiques, la disposition de la loi des 16-24 août 1790 sur la défense faite aux juges d'empiéter sur les fonctions administratives[2].

Ces textes ont une importance particulière, à raison de leur date, qui est celle à laquelle il faut faire remonter les principes fondamentaux du droit public moderne. Toutes les lois postérieures y sont du reste entièrement conformes. — La constitution de l'an III et celle de l'an VIII s'expriment, à très peu de choses près, sur la séparation des pouvoirs, comme celle de 1791[3]. Un décret de la Convention, celui du 16 fructidor an III, renouvelle une fois encore la disposition des 16-24 août 1790, et fait défenses itératives aux tribunaux de s'immis-

---

[1] Instr. des 16-20 août 1790, ch. 1, § 1. — Les assemblées administratives considéreront attentivement ce qu'elles sont dans l'ordre de la constitution, pour ne jamais sortir des bornes de leurs fonctions, et pour les remplir toutes avec exactitude. Elles observeront d'abord qu'elles ne sont chargées *que de l'administration*; qu'aucune fonction *législative* ou *judiciaire* ne leur appartient, et que toute entreprise de leur part sur l'une ou l'autre de ces fonctions introduirait la confusion des pouvoirs, qui porterait l'atteinte la plus funeste aux principes de la constitution. . . .

[2] Les tribunaux ne peuvent ni s'immiscer dans l'exercice du pouvoir législatif, ou suspendre l'exécution des lois, ni entreprendre sur les fonctions administratives ou citer devant eux les administrateurs pour raison de leurs fonctions.

[3] Const. 5 fructidor an III, t. V à VIII, et notamment art. 202 et 203. — Const. 22 frimaire an VIII, t. II à V. — Ce dernier texte au lieu de parler de pouvoirs législatif, exécutif et judiciaire, emploie les mots : *pouvoir législatif, gouvernement, tribunaux*. Il n'y a là qu'une différence de mots, la théorie est absolument la même.

cer dans les fonctions administratives, toujours sans faire aucune mention des fonctions gouvernementales.

Nous arrivons ainsi au texte qui contient aujourd'hui la sanction du principe de la séparation des pouvoirs, c'est-à-dire au Code pénal. Le Code pénal renferme toute une série d'articles (art. 127 et suiv.) punissant les empiétements que les diverses autorités peuvent commettre sur les autorités voisines, et notamment (art. 127, 2°) les empiétements que les tribunaux peuvent commettre en s'immisçant dans les attributions de l'autorité administrative ; rien, au contraire, toujours rien, sur l'immixtion dans les attributions de l'autorité gouvernementale. Il est clair que, pour les rédacteurs du Code de 1810, comme pour les Constituants, le Gouvernement et l'Administration ne font qu'un ; si on l'entend autrement, on laisse subsister dans la loi pénale la plus grave lacune, et il faut se hâter de la combler.

Les diverses constitutions qui se sont succédé depuis cette époque ne posent pas, pour la plupart, avec la précision que l'on trouve de 1791 à l'an VIII, le principe de la séparation des pouvoirs. Elles sont moins métaphysiques, moins imprégnées d'idées abstraites, moins ambitieuses dans leur rédaction que les constitutions antérieures ; elles rappellent brièvement, sans les exposer en détail, les principes généraux du droit public français ; ou même, comme notre constitution de 1875, elles les passent entièrement sous silence. — Ni la charte de 1814, ni celle de 1830, ne posent en termes exprès le principe de la séparation des pouvoirs. Il faut aller jusqu'à 1848 pour trouver énoncé, dans l'art. 19 de la constitution des 4-10 novembre 1848, le principe que « la séparation des pouvoirs est la première condition d'un gouvernement libre. » Le rapport de la commission chargée de rédiger le projet de cette constitution, rapport fait par Armand Marrast [1] déclare expressément que ces pouvoirs sont au nombre de trois, pouvoir législatif, pouvoir exécutif et pouvoir judiciaire ; et c'est conformément à cette donnée que la constitution est votée, sans qu'aucune discussion ait porté sur ce point [2].

---

[1] Voy. le texte dans Dalloz, 48, 4, 195.

[2] Sauf toutefois un bizarre et curieux discours de Pierre Leroux. *Moniteur* du 26 septembre 1848. Séance du 25.

Il y a donc dans cette constitution un chapitre consacré à chacun des trois pouvoirs; et si l'on trouve intercalés entre eux un chapitre sur le Conseil d'État et un chapitre sur l'Administration intérieure, il est visible qu'il n'est pas dans la pensée des auteurs de la Constitution de voir dans l'Administration un pouvoir distinct; l'*administration intérieure*, en 1848 comme en 1791, c'est seulement l'administration des départements et des communes, et il n'y a nulle trace, dans les articles consacrés au pouvoir central, d'une distinction entre des attributions gouvernementales et des attributions administratives. Quant aux constitutions qui ne posent pas formellement le principe de la séparation des pouvoirs (chartes de 1814 et de 1830, constitution de 1852, lois constitutionnelles de 1875, pour ne citer que les principales), aucune ne fait allusion à une séparation quelconque du Gouvernement et de l'Administration. La constitution de 1852 emploie le mot *gouvernement*, mais c'est pour désigner l'ensemble des pouvoirs publics[1].

Il n'existe qu'un seul texte dans lequel on trouve opposés l'un à l'autre, comme désignant deux choses distinctes, les mots *gouverner* et *administrer*, et les partisans de la doctrine, qui considère le Gouvernement comme une branche distincte du pouvoir exécutif, n'ont pas manqué de le citer[2]. C'est le préambule du décret dit *de décentralisation* du 25 mars 1852 : « Considérant que si l'on peut gouverner de loin, on n'administre bien que de près... » Mais est-il besoin d'insister sur la portée restreinte qu'il faut attribuer à cette phrase? Son rédacteur n'a pas eu l'ambition de faire un exposé de droit constitutionnel, ni de présenter une classification quelconque des pouvoirs publics; il a simplement voulu exprimer, sous la forme saisissante d'une antithèse, l'idée fondamentale du décret qu'il était chargé de motiver. On donnait aux préfets le droit de statuer sur beaucoup de questions administratives qui étaient restées jusqu'alors dans la compétence du pouvoir central; la réforme se justifiait d'elle-même par cette considération que les questions décentralisées portaient sur

---

[1] Art. 2. Le Gouvernement de la République est confié pour dix ans, etc...;— art. 3. Le Président de la République gouverne au moyen des ministres, du Conseil d'État, du Sénat et du Corps législatif.

[2] Ducrocq, t. I, n° 32.

de menus détails d'administration intérieure, et qu'elles seraient mieux et plus rapidement réglées sur place que dans les bureaux des ministères. C'était donc bien le cas de faire intervenir la distinction entre le Gouvernement et l'Administration au sens que j'exposais plus haut : l'impulsion doit être une et provenir directement de l'administration centrale ; le règlement des questions de détail doit au contraire être abandonné aux agents des administrations locales. C'est une petite leçon de science administrative, mais elle ne signifie ni que l'on doit voir dans le Gouvernement et l'Administration deux pouvoirs distincts, ni que les actes de gouvernement doivent avoir une autre valeur juridique que les actes administratifs. — Si nos adversaires voulaient faire de ce texte la base d'une théorie juridique, ils se heurteraient d'ailleurs à deux objections : on pourrait leur répondre d'abord qu'une phrase isolée, perdue dans le préambule d'un décret, ne peut prévaloir contre l'ensemble des textes fondamentaux. On pourrait faire remarquer ensuite que la théorie qui résulterait de ce texte ne serait nullement la théorie classique : elle aboutirait à dire que tout acte émané du pouvoir central est ou doit être un acte de gouvernement ; et il est évident que cela serait tout à fait insoutenable.

Il faut donc abandonner, au point de vue du droit positif français, cette subdivision du pouvoir exécutif en deux branches. Les textes y sont trop formellement contraires. Ces textes ne font du reste qu'exprimer les traditions de notre droit politique, issu tout entier des idées qui dominaient dans l'Assemblée constituante, c'est-à-dire, en ce qui concerne la séparation des pouvoirs, de la théorie des trois pouvoirs. Il ne s'agit pas de quelques phrases isolées, statuant sur des points de détail. Il s'agit de tout un corps de doctrines parfaitement enchaîné, nettement présenté, et que nous retrouverons d'une manière constante dans toutes les lois fondamentales depuis 1789 jusqu'aujourd'hui. Il importe peu, en présence d'une tradition si fermement suivie par le législateur, que l'on puisse à diverses époques signaler parmi les publicistes des voix divergentes : ils ont pu proposer des classifications plus parfaites que la classification légale ; au point de vue juridique ils n'ont pas eu le pouvoir de la changer. Il serait du reste facile de montrer que si l'on s'attache, quant à cette théorie, aux opinions des publicistes, on tombe dans les plus grandes incertitudes, qu'ils ont proposé beaucoup de classifications différentes, et que bien peu parmi eux ont admis le pouvoir gouvernemental comme un pouvoir distinct.

La conclusion de cette trop longue discussion, c'est que les règles juridiques spéciales que l'on veut appliquer aux actes gouvernementaux ne peuvent pas être basées uniquement sur cette notion du pouvoir gouvernemental considéré comme pouvoir distinct, puisque cette notion est sans valeur juridique. Il en résulte que lorsque dans un texte nous trouverons les mots *acte administratif, autorité administrative*, ils devront, jusqu'à preuve contraire, être interprétés dans un sens large, comprenant tout à la fois le Gouvernement et l'Administration ; et, par exemple, quand la loi du 24 mai 1872, art. 9, après les diverses lois, notamment celle du 19 juillet 1845 et celle du 3 mars 1849, qui s'expriment en termes analogues, nous dit que le Conseil d'État « statue souverainement sur les recours en matière contentieuse administrative, et sur les demandes d'annulation pour excès de pouvoir formées contre les actes des diverses autorités administratives », nous ne devrons pas arbitrairement exclure de la compétence du Conseil d'État les actes gouvernementaux. — Le principe ainsi dégagé, il ne reste plus qu'à voir si l'on produit quelque texte ou quelque argument spécial qui puisse le faire fléchir.

II. — Le premier argument qu'on ait présenté dans cet ordre d'idées tend à prouver que les affaires gouvernementales ne sont pas comprises dans le *contentieux administratif*, parce qu'il existe un texte spécial pour les en distraire. Ce texte est l'art. 26 de la loi du 24 mai 1872 : « Les ministres ont le droit de revendiquer devant le Tribunal des Conflits les affaires portées à la section du contentieux et qui n'appartiendraient pas au contentieux administratif. » On conclut de là que si la section du contentieux persiste à rester saisie, malgré les conclusions du ministre compétent, d'une affaire de l'ordre politique ou gouvernemental, elle peut être dessaisie par un conflit analogue à celui que l'administration a le droit d'élever devant les tribunaux judiciaires, et que le Tribunal des Conflits doit la déclarer incompétente. — A lire le texte lui-même, cette conclusion est cependant loin d'apparaître nettement. Il donne aux ministres le droit de dessaisir la section du contentieux des affaires qui ne sont pas de sa compétence, voilà tout ; il n'indique d'aucune manière quelle est cette compétence. On pourrait en induire que la section du

contentieux peut être dessaisie des affaires gouvernementales, si cela
était nécessaire pour trouver l'application pratique du texte ; en
d'autres termes, si les mots *affaires qui n'appartiennent pas au contentieux administratif* ne pouvaient pas désigner autre chose que les
affaires gouvernementales. Mais il n'en est pas ainsi. Les affaires *qui
n'appartiennent pas au contentieux administratif,* et pour lesquelles
on admet le droit de revendication ministérielle, ne sont pas diffi-
ciles à trouver, même en dehors de la théorie de l'acte de gouvernement. — Ce sont d'abord peut-être les affaires appartenant *au
contentieux judiciaire;* le texte, si on l'entend ainsi, contiendrait alors
le principe d'une sorte de réciprocité en matière de conflit ; il aurait
pour objet de permettre d'élever le conflit devant le Conseil d'État au
profit d'un tribunal judiciaire. — Il est douteux que le texte doive
être entendu en ce sens [1] ; mais il y a une autre catégorie d'affaires
qui certainement sont comprises dans la disposition de l'art. 26 ; ce
sont les affaires *d'administration pure,* n'ayant pas le caractère contentieux, parce qu'il s'agit d'actes qui ne blessent aucun droit et pour
lesquels l'administration est restée dans les limites de son pouvoir
discrétionnaire. A celles-là le texte s'applique de l'aveu de tous, et par
conséquent il n'est nullement nécessaire, pour lui trouver un sens
utile, de songer aux actes de gouvernement.

Le texte même ne suffisant pas pour fournir un argument décisif,
on cherche à le compléter en recourant aux travaux préparatoires,
non pas à ceux de la loi du 24 mai 1872, qui ne fournissent aucun
éclaircissement sur la question, mais à ceux de la loi du 3 mars 1849,
dont l'art. 47 contenait déjà la disposition qui a passé dans notre
art. 26. Il n'est pas douteux en effet qu'il faille souvent remonter
à ces travaux préparatoires pour avoir la véritable pensée du législateur de 1872 ; celui-ci, en reconstituant le Tribunal des Conflits, ne
faisait que copier l'organisation de 1849, et la préparation de l'original est, sur beaucoup de points, plus instructive que celle de la copie.
— Ceci posé, on démontre que l'art. 47, et après lui l'art. 26, ont
eu en vue les actes de gouvernement, en citant les paroles de

[1] Voy. sur cette question Laferrière, *Jurid. administr.,* t. I, p. 427, et surtout
l'article *Conflits* du *Dictionnaire d'administration* de MM. Blanche et Ymbert (Ch. I,
S^{on} 11, § 2; et ch. IV), article des plus remarquables dû à la plume de M. Boula-
tignier.

M. Vivien, rapporteur de la loi de 1849 [1] : « La loi, disait-il pour expliquer l'art. 47, établit un recours indispensable, et sans lequel la juridiction conférée à la section du contentieux eût été pleine de périls. En effet, la définition du contentieux administratif proprement dit n'est pas toujours facile. Nous avons dit qu'il naissait au moment où un droit est méconnu. . . Mais la limite qui sépare les droits des intérêts n'est pas toujours certaine. D'ailleurs, il est même des droits *dont la violation ne donne pas lieu à un recours par la voie contentieuse.* Dans un gouvernement représentatif, sous le principe de la responsabilité ministérielle, il est des circonstances où, en vue d'une grande nécessité publique, les ministres prennent des mesures qui blessent les droits privés. Ils en répondent devant le pouvoir politique. Les rendre justiciables du tribunal administratif, ce serait paralyser une action qui s'exerce en vue de l'intérêt commun et créer dans l'État un pouvoir nouveau qui menacerait tous les autres. Les mesures de sûreté générale, l'application des actes diplomatiques, ne rentrent pas non plus dans le contentieux administratif, bien que des droits privés puissent en être atteints. On ne saurait sans danger les livrer à l'appréciation d'une juridiction quelconque ».

A peine ai-je besoin de faire remarquer tout d'abord que l'argument tiré de ces paroles de M. Vivien prouve trop pour ceux qui définissent l'acte de gouvernement *par sa nature* et qui refusent d'attribuer ce titre à tout acte ayant un mobile politique. C'est bien en effet par leur caractère politique que M. Vivien définit les actes qui sont soustraits au recours contentieux. Aussi M. Laferrière, qui fait de ces paroles l'argument capital à l'appui de sa doctrine, est-il amené, après les avoir invoquées, à en contester l'autorité [2]. Mais une meilleure réponse à faire au rapport de M. Vivien, c'est de prouver qu'il n'exprime nullement la pensée de laquelle est sorti définitivement l'art. 47, et cette démonstration est facile.

Il se trouve en effet que cet art. 47, loin d'avoir passé inaperçu, est l'un de ceux qui ont provoqué dans l'Assemblée nationale les plus longues, et l'on peut dire les plus interminables discussions. Ces discussions ont en grande partie rempli deux séances consécutives lors

---

[1] Voy. le texte dans D., 1849, 3, 73 (n° 40).
[2] Laferrière, loc. cit., t. II, p. 42.

de la seconde délibération (26 et 27 janvier 1849), et encore deux
autres séances lors de la troisième (1er et 2 mars 1849)[1]. L'article est
sorti de ces débats, non point tel qu'il était dans son texte primitif (sur
lequel M. Vivien avait fait son rapport), mais au contraire profondé-
ment modifié. Il est donc contraire à toute bonne règle d'interprétation d'en chercher le sens dans le rapport de M. Vivien et non dans
les délibérations qui l'ont suivi. — Qu'on me pardonne d'entrer sur
ce point dans quelques détails : ils ne serviront pas seulement à faire
sentir la faiblesse de l'argument qu'on tire de l'art. 47 ; ils montre-
ront aussi, ce qui n'est pas indifférent à notre thèse, que la théorie de
l'acte de gouvernement était loin d'être généralement acceptée en
1849, parmi les hommes compétents qui prirent part à la discussion.

Dans le texte primitif, ce n'était pas le Tribunal des Conflits qui
statuait sur les revendications ministérielles, c'était le Conseil d'État en
assemblée générale. Un amendement, présenté d'abord par M. Raudot
sur l'art. 46 (alors art. 51), reproduit ensuite par MM. Odilon Barrot
et Isambert sur notre art. 47 (alors art. 52), demanda que cette attribution fût donnée au Tribunal des Conflits. Sur l'art. 46, l'amendement
avait été repoussé ; il fut au contraire adopté sur l'art. 47, à la séance
du 27 janvier, après une longue discussion à laquelle prirent part
MM. Odilon Barrot, Isambert, Crémieux, Martin (de Strasbourg) et
Victor Lefranc. Cette discussion fut quelque peu confuse, les deux
art. 46 et 47 statuant sur des hypothèses très voisines, qu'on avait
peut-être tort de régir par des règles différentes, et qu'en tous cas les
orateurs qui prirent part au débat ne paraissaient pas tous distinguer
nettement[2]. Mais ce qui ressort de plus clair de toutes les explications

---

[1] Pour toutes les explications qui suivent, voy. le *Moniteur* des 28-29 janvier,
2 et 3 mars 1849.

[2] L'art. 46 (alors art. 51) statuait sur le cas où la section du contentieux ren-
dait une décision contenant excès de pouvoir ou violation de la loi. Il permettait de
soumettre cette décision à l'assemblée générale du Conseil d'État, qui l'annulerait
dans l'intérêt de la loi. Cet article qui n'a pas, comme le suivant, passé dans la loi
du 24 mai 1872, témoigne des méfiances que soulevait en 1849 l'institution, alors
nouvelle, d'une section du contentieux rendant une justice *déléguée* et statuant avec
un pouvoir propre. On prenait des précautions contre les empiétements possibles
de ce nouveau tribunal. — L'art. 47 (alors art. 52) visait bien encore une violation
de la loi commise par la section du contentieux, mais une violation de la loi d'une

échangées à ces deux séances, c'est qu'aucun des orateurs qui y prennent la parole ne paraît avoir spécialement en vue les actes de gouvernement, et que le danger qu'ils veulent prévenir, celui pour lequel ils croient utile de créer une sorte de juridiction supérieure à la section du contentieux, c'est l'*envahissement du contentieux sur le domaine de l'administration pure* ». « Il y a une distinction profonde entre l'administration pure et le contentieux, explique Odilon Barrot à la séance du 26 janvier. L'administration pure, c'est l'appréciation de ce qui est utile ou dangereux en administration sous la responsabilité de l'Administration..... Le droit n'admet pas cet arbitraire..... Quand il y a un droit, il n'y a que la loi à appliquer à ce droit. Le contentieux, qui reconnaît le droit, qui applique la loi, fait une véritable fonction de juge. » Il explique ensuite qu'on a eu raison de confier le jugement du contentieux à un véritable tribunal, ayant des pouvoirs propres, mais que cette attribution n'est pas sans danger, le tribunal ainsi constitué pouvant commettre des empiétements. S'il y a conflit de compétence entre un tribunal administratif et un tribunal judiciaire, on a remis la question à une juridiction spéciale, le tribunal des conflits. « Mais, ajoute-t-il, quand la question ne s'engage plus entre l'autorité judiciaire et l'autorité administrative, qu'elle s'engage *entre le contentieux administratif* et l'*administration pure*, il s'agit de savoir si, pour tel acte qui engage sa responsabilité, le *Gouvernement* conservera la liberté même qui est toujours la condition de la responsabilité. » C'est la question ainsi définie par laquelle Odilon Barrot demande qu'on reconnaisse également la compétence du Tribunal des Conflits. — Il est aisé de voir qu'il n'y a dans sa pensée aucune différence entre le *Gouvernement* et l'*Administration pure*; que le danger qu'il prévoit, c'est l'empiétement sur l'administration pure, et que l'empiétement sur le Gouvernement lui-même

----

nature particulièrement grave, celle qui consistait à juger une affaire n'appartenant pas au contentieux administratif. — L'amendement de M. Raudot pouvait difficilement se soutenir sur l'art. 46, car dans ce texte ce n'est pas une question de compétence que l'on soulève, et l'intervention du Tribunal des Conflits ne se comprend guère ; elle est au contraire plus naturelle dans l'hypothèse de l'art. 47, puisqu'en définitive c'est une question de compétence qu'il s'agit de trancher. L'expérience a du reste démontré que toutes ces précautions étaient assez inutiles ; l'art. 46 n'a pas été reproduit en 1872 ; et l'art. 47, devenu l'art. 26, n'a jamais été appliqué.

est pour lui exactement la même chose. — Dans un second discours, qu'il prononce à la séance du 27 janvier, la même idée reparaît : il cite comme exemple les lettres de marque accordées pour la course en mer par le Gouvernement, et montre qu'il serait dangereux de donner à un tribunal le pouvoir de s'arroger une surveillance sur un acte de cette nature, puis il ajoute : « Je pourrais citer vingt exemples de cette nature, car la limite qui sépare le *pouvoir administratif pur* du *pouvoir administratif contentieux* est une limite très incertaine et sur laquelle les deux pouvoirs peuvent incessamment se rencontrer. »

Il serait fastidieux, et tout à fait inutile, de montrer la même doctrine dans les paroles de tous les orateurs qui se sont succédé à ces deux séances. Elle y est pourtant, et l'on n'a qu'à se reporter au *Moniteur* pour la trouver : « le contentieux veut usurper sur l'administration », dit M. Crémieux ; « le contentieux empiéterait sur l'administration, » dit M. Martin (de Strasbourg) ; « il s'agit des contestations entre le contentieux de l'administration et l'administration pure, » dit M. Victor Lefranc. Et, dans toute cette discussion, aucun orateur ne songe à parler des actes de gouvernement comme d'une catégorie spéciale.

Arrivons à la troisième délibération. L'art. 47 ayant été voté, à la deuxième délibération, avec la compétence du tribunal des conflits (c'est-à-dire tel qu'il est resté en définitive), la commission à la séance du 1er mars, par l'organe de M. de Parieu, y propose un amendement. Elle est en cela d'accord avec le Gouvernement, c'est-à-dire avec M. Odilon Barrot, qui avait le premier soutenu la compétence du Tribunal des Conflits, mais qui, dans l'intervalle des deux délibérations, s'est ravisé, jugeant dangereux que cette question de compétence soit tranchée par d'autres que par le Gouvernement lui-même. On propose donc de rédiger l'article comme il suit : « Le ministre de la justice a le droit de revendiquer les affaires portées devant la section du contentieux, et qui n'appartiendraient pas au contentieux administratif. — Si le ministre allègue que l'affaire est de la compétence de l'autorité judiciaire, la demande en revendication est portée devant la juridiction des conflits, organisée par l'art. 89 de la Constitution. — Si le ministre allègue que l'affaire appartient au Gouvernement, sous sa responsabilité, il est statué sur la demande en revendication par le Président de la République, en Conseil des ministres,

après avoir pris l'avis du Conseil d'État en assemblée générale. » —
Comme on le voit, le texte de cet amendement parle de décisions
appartenant au *Gouvernement*, et, dans la discussion engagée à son
sujet, le mot *Gouvernement* apparaît plus fréquemment que dans la
seconde délibération. Il ne faut pas en conclure cependant que les
auteurs et défenseurs de l'amendement aient en vue les actes de gouvernement, au sens technique du mot. Toute la discussion montre au
contraire qu'ils confondent, ici encore, d'une manière absolue, les
matières de gouvernement et les matières d'administration pure.
M. de Parieu, en présentant l'amendement, distingue deux espèces
de conflits : « Le conflit peut exister, dit-il, entre l'autorité judiciaire
et l'autorité qui préside aux jugements du contentieux administratif..... Il existe une autre nature de difficultés qui peut résulter de
ce qu'une affaire se présente avec un caractère mixte et indécis,
comme appartenant d'un côté, au *contentieux administratif*, et de
l'autre, au *pouvoir administratif pur*, c'est-à-dire au pouvoir exécutif. »
C'est la question ainsi définie qu'il propose de soustraire à la compétence du Tribunal des Conflits, attendu qu'il y a là une sorte d'ar-
bitrage à exercer dans l'intérêt du *pouvoir administratif*, du *pouvoir
administratif pur*, du *pouvoir exécutif* (il considère tous ces mots
comme synonymes), et que la composition du tribunal des conflits
ne donnerait pas à ce pouvoir des garanties suffisantes.

Les orateurs qui combattent l'amendement (et qui en définitive
réussissent à le faire rejeter) sont plus nets encore, et entrent même
dans des développements absolument incompatibles avec la théorie de
l'acte de Gouvernement. Celui qui définit avec le plus de précision la
question débattue, est M. Martin (de Strasbourg). Son discours montre
mieux que tout autre pourquoi l'amendement, soutenu tout à la fois
par la commission et par le Gouvernement, fut cependant repoussé
par l'Assemblée : « ... Il peut arriver, dit-il, que lorsqu'une question
en litige est soumise au tribunal administratif....., le ministre vienne
soutenir qu'il n'y a pas là un véritable litige, une véritable contestation ; qu'il n'y a pas une question à faire juger par un tribunal, qu'il
s'agit d'apprécier un pur acte d'administration ; alors l'administration
vient revendiquer elle-même le droit de tout décider..... Qu'il me soit
permis de rendre l'Assemblée juge de quelques exemples, de lui faire
voir dans quelle situation ces questions pourraient s'élever, et elle verra
s'il est possible de laisser les citoyens sans une garantie complète

pour leurs propriétés et pour leurs droits. La confection de travaux publics, de routes, de chemins de fer, voilà des actes de pure administration. Eh bien, il peut arriver que par ces travaux, on touche à ma propriété, qu'on lui cause un dommage, qu'on porte atteinte à ma fortune, qu'on fasse crouler ma maison. Il y a là un tort causé, il y a droit à une réclamation ; le propriétaire demande une indemnité, et à qui s'adresse-t-il ? Il s'adresse au Tribunal du Contentieux, qui examine, qui voit s'il y a eu faute, s'il y a eu tort, s'il y a eu un véritable dommage, et apprécie l'indemnité. — Eh bien, où serait la garantie des citoyens, des propriétaires, si, dans une question comme celle-là, le ministre pouvait venir dire : Il n'y a eu qu'un acte de pure administration ; aucun droit n'est lésé ; je suis seul juge de la question du dommage, du tort que j'ai causé ; je prétends qu'il n'y a pas eu de faute, et, comme je n'ai exercé qu'un acte de pure administration, il ne peut y avoir droit à aucune action véritable ; je revendique l'affaire devant la responsabilité ministérielle. » Ici, l'orateur cite plusieurs exemples de même ordre que le précédent : travaux faits aux rivières navigables, établissement d'un chemin de halage, déclaration de démission prononcée par le préfet contre un conseiller municipal, etc. ; puis il ajoute : « Et, dans toutes ces situations, vous admettriez que le pouvoir exécutif se trouverait tout-puissant ; qu'il peut, en invoquant purement et simplement sa responsabilité, maintenir tous ces actes illégaux !... Vous laisseriez les citoyens sans recours, sans garantie, sans juridiction !... — Ce qu'on vous propose est même contraire à tout ce qui se faisait sous la monarchie. Sous la monarchie, par exemple, il pouvait arriver qu'une ordonnance royale elle-même, qui avait été rendue sans formalités, sans qu'on eût observé les conditions prescrites par la loi, qu'une ordonnance royale fût déférée au contentieux, que le Conseil d'État l'annulât..... Et pourquoi ? Parce que le pouvoir exécutif, même sous la monarchie, n'a que le droit d'exécuter d'une manière conforme à la loi ; et, quand il s'écarte de la loi, quand il viole les conditions, les formalités prescrites par la loi, ses actes n'ont pas une valeur légale et constitutionnelle, et il faut une autorité qui puisse les apprécier, les contrôler et les redresser. »

S'il faut chercher quelque part la véritable pensée de l'art. 47, c'est bien dans ce discours, qui précéda immédiatement le vote, et qui contribua plus que tout autre à faire adopter ce texte tel qu'il est.

On voit par là combien cette pensée est différente de l'interprétation que l'on veut donner à l'art. 26 de la loi du 24 mai 1872. Si l'Assemblée résiste tout à la fois au Gouvernement et à la commission qui veulent lui faire admettre, pour trancher la question, la compétence du Gouvernement lui-même, c'est qu'elle ne voit pas, dans cette solution, des garanties suffisantes pour les droits privés ; elle craint les revendications arbitraires de l'autorité administrative ; elle ne veut pas que, sous prétexte de responsabilité, le Gouvernement puisse soustraire aux tribunaux une question qui est réellement de leur compétence ; en un mot elle redoute précisément que la théorie de l'acte de gouvernement ne se glisse par là dans notre législation. Pour éviter ce danger elle fait juger la revendication ministérielle par le Tribunal des Conflits, c'est-à-dire en somme par un tribunal dont la composition lui paraît offrir aux droits des particuliers toute la sécurité désirable. — Je me garderais d'attacher trop d'importance à cette citation considérée comme argument direct à l'appui de ma thèse ; on conviendra du moins qu'elle infirme singulièrement l'autorité du rapport de M. Vivien, et qu'il est difficile, en présence des discussions que je viens d'analyser, de maintenir l'argument que l'on a voulu tirer de l'art. 26 de la loi du 24 mai 1872.

III. — Quelques auteurs citent à l'appui de la théorie de l'acte de gouvernement les textes mêmes qui définissent l'étendue des pouvoirs du Conseil d'État en matière contentieuse, et qui déclarent qu'il statue sur le *contentieux administratif*, sur les *recours en matière contentieuse administrative*, et autres termes semblables (notamment loi du 19 juillet 1845, art. 12 ; — loi du 3 mars 1849, art. 6 ; décret du 25 janvier 1852, art. 17 et 18 ; loi du 24 mai 1872, art. 9)[1]. L'argument peut être entendu de deux manières. Il peut être invoqué par ceux qui voient dans le Gouvernement et l'Administration deux pouvoirs distincts, et alors il se réduit à dire : le Conseil d'État n'a que le contentieux administratif, donc il n'a pas le contentieux gouvernemental. Ainsi entendu, il est déjà réfuté. — Mais quelques jurisconsultes font à l'égard de ces textes un raisonnement différent : « A défaut d'une définition légale, dit M. le Commissaire du Gou-

---

[1] Notamment Garsonnet, *Cours de Procédure*, t. I, p. 2 (n° 2).

vernement de Belbeuf dans ses conclusions sur l'affaire Jecker[1], il n'est pas téméraire d'affirmer que le législateur, en présence d'une jurisprudence semi-séculaire, a entendu la notion du contentieux administratif dans le même sens que cette jurisprudence. S'il avait voulu comprendre dans le contentieux administratif les actes accomplis dans la sphère gouvernementale, alors que le recours contre ces actes en avait toujours été exclu, il n'aurait pas manqué de le dire. »

L'argument se réduit à dire que le législateur, par son silence même, a implicitement sanctionné la jurisprudence du Conseil d'État. — Il est facile d'en faire apercevoir le défaut. Lorsque la loi évite une définition, elle ne peut être considérée comme l'ayant donnée par simple référence ; le résultat de son silence, le seul possible, c'est de laisser la question qu'elle n'a pas tranchée dans le doute où elle était antérieurement, *tradita disputationibus*. La jurisprudence et la doctrine peuvent continuer leur œuvre ; c'est précisément parce que cette œuvre n'est pas achevée que le législateur n'a pas voulu y apposer son contreseing. — L'argument, même en dehors de cette considération générale, n'aurait du reste de valeur que si l'on se trouvait en présence d'une doctrine nettement établie et unanimement acceptée par les auteurs et par les arrêts. Je conviens que si une définition du contentieux administratif avait pu s'établir avec assez d'autorité pour ne plus soulever de controverse sérieuse, on pourrait à la rigueur considérer cette définition comme implicitement contenue dans la loi ; l'emploi d'un mot dont le sens serait accepté de tous suffirait à révéler la pensée du législateur. — Mais cette définition acceptée de tous existait-elle quand le législateur a parlé, en 1849, ou en 1872 ? Existe-t-elle aujourd'hui ? — Qui oserait le prétendre ? — Il n'y a pas de question plus épineuse que la définition du contentieux administratif ; bien loin de l'avoir omise comme superflue et acceptée de tous, le législateur l'a sciemment évitée comme trop dangereuse et impossible à donner d'une manière complète. On dira peut-être que si la plupart des questions soulevées par cette définition restent controversées, il y en a cependant quelques-unes sur lesquelles aucun doute n'est plus possible, et que la distinction entre l'acte adminis-

---

[1] Lebon, 1869, p. 891.

tratif et l'acte gouvernemental est précisément de ce nombre ; qu'ainsi
le législateur, sans appuyer de son autorité une théorie complète du
contentieux administratif, a du moins admis implicitement les idées
sur lesquelles tout le monde était d'accord, et par conséquent celle-là.
Ce serait là une base bien fragile pour une théorie aussi vaste que
celle que nous discutons. Mais cette base même manque complètement si l'on y regarde de près. C'est ici le lieu de démontrer que la
théorie de l'acte de gouvernement n'est ni aussi ancienne, ni aussi
généralement acceptée qu'on le dit d'ordinaire.

Tout d'abord, il paraît impossible de trouver, soit dans la jurisprudence, soit dans la doctrine, une trace quelconque de cette théorie
antérieurement à la Restauration. J'ai montré tout à l'heure qu'elle
était absolument inconnue des diverses constitutions qui se sont succédé de 1789 à 1815. Nous ne la trouvons pas davantage dans la
pratique des affaires. Sans doute, il y a, dans cette période de notre
histoire, des moments où les pouvoirs les plus étendus ont appartenu
au Gouvernement, et où il n'aurait pas souffert que le Conseil
d'État examinât au contentieux des actes rentrant dans la sphère
politique. Mais, à cette époque, la théorie du contentieux administratif n'est pas encore formée ; les auteurs qui, plus tard, ont cherché
à la définir et à la préciser n'ont pas encore paru. Il y a du reste une
raison qui explique pourquoi la distinction entre l'acte administratif et l'acte gouvernemental ne s'établit pas encore : c'est que cette
distinction n'aurait pas présenté, pour le Gouvernement d'alors, l'utilité qu'elle peut offrir aujourd'hui. Protégé contre les empiétements
des tribunaux judiciaires par l'arme du conflit, le Gouvernement
n'avait pas besoin de protection contre les empiétements des tribunaux administratifs. Sous la période intermédiaire, en effet, le contentieux administratif appartenait à l'administration active, et, au
plus haut degré de l'échelle, au Gouvernement lui-même. Il était
donc fort inutile de créer en faveur du pouvoir exécutif une sorte
de domaine réservé où le contentieux ne pût pas pénétrer ; peu im-
portait au Gouvernement d'avoir à statuer comme juge ou comme
administrateur, puisqu'en définitive c'était toujours lui qui statuait.
Lorsqu'en l'an VIII on organisa des tribunaux administratifs, en
créant le Conseil d'État et le Conseil de préfecture, on fut obligé de
déterminer avec soin la compétence du Conseil de préfecture, parce
qu'on ne lui attribuait pas l'ensemble du contentieux administratif,

et qu'il fallait énumérer les affaires qui lui seraient soumises ; c'est ce que fit l'art. 4 de la loi du 28 pluviôse an VIII. Mais pour le Conseil d'État, auquel on donnait des attributions d'ensemble, on se borna à déclarer d'un mot qu'il prononcerait, d'après le renvoi des consuls, sur les affaires contentieuses dont la décision était précédemment remise aux ministres (règlement du 5 nivôse an VIII, art. 11). Ainsi on ne donnait pas une définition du contentieux administratif, on ne faisait que transférer au Conseil d'État les attributions qui jusque-là avaient appartenu au Gouvernement lui-même [1] ; on ne changeait rien par conséquent à la notion du contentieux administratif telle qu'elle devait être entendue sous la période intermédiaire ; et assurément on n'avait pas à redouter d'empiétement de la part de ce Conseil d'État qui était avant tout, et bien plus qu'aujourd'hui, un corps politique, auquel on n'imposait au début aucune forme de procédure, et qui du reste n'avait pas d'autre droit, en matière contentieuse comme en matière purement administrative, que de soumettre des projets de décret à la signature du chef de l'État. — Il y avait dans cette organisation peu de garanties pour les droits privés, beaucoup de liberté d'action laissée au Gouvernement, et en somme aucune théorie déjà faite : on n'y voit pas encore apparaître la distinction entre l'acte gouvernemental et l'acte administratif. C'est sous la Restauration qu'on trouve les premiers arrêts opposant aux plaideurs la fin de non-recevoir tirée de la nature gouvernementale de l'acte. Mais, même à ne considérer la jurisprudence qu'à partir de cette époque, relativement récente, il s'en faut bien qu'elle soit aussi nette et surtout aussi systématique qu'on le dit d'ordinaire. Il y a des distinctions à faire parmi les innombrables arrêts que l'on cite d'habitude comme ayant adopté la théorie de l'acte de gouvernement. Les plus nombreux certainement sont relatifs à des réclamations basées sur des traités diplomatiques, ou à des demandes en indemnités pour dommages causés par la guerre. Ils se bornent à déclarer qu'il s'agit de traités diplomatiques ou de faits de guerre, à

---

[1] Les ministres restaient-ils juges ordinaires au premier degré du contentieux administratif, de telle sorte que le Conseil d'État n'eut ces attributions d'ensemble qu'en appel, ou au contraire transférait-on cette qualité de juge ordinaire au Conseil d'État ? C'est une question encore aujourd'hui débattue et que je n'ai pas à traiter ici.

raison desquels aucune réclamation contentieuse ne peut s'élever[1]. D'autres, en grand nombre aussi, rejettent simplement des pourvois, par le motif qu'il s'agit d'actes souverains, ou d'actes qui ne sont pas susceptibles d'être déférés au Conseil d'État par la voie contentieuse[2]. C'est à tort que l'on invoque ces arrêts comme ayant adopté la théorie de l'acte de gouvernement ; ils sont insuffisamment motivés ; ils n'expriment pas la raison pour laquelle les diverses réclamations dont il s'agit sont soustraites au recours contentieux ; mais rien dans leur rédaction ne permet d'affirmer que cette raison se trouve dans une distinction entre les actes gouvernementaux et les actes administratifs. Cette généralisation systématique n'appartient pas à la jurisprudence, même à la jurisprudence récente ; on ne la trouve exposée d'une manière formelle que dans les auteurs. — Les seuls arrêts que la doctrine de l'acte de gouvernement puisse réellement invoquer jusqu'au second Empire sont les arrêts politiques, ceux qui rejettent les réclamations des membres des familles ayant régné sur la France. Ces arrêts, assez nombreux sous tous les régimes, emploient en général la formule suivante : « Considérant que les questions à résoudre se rattachent à des actes de gouvernement ayant un caractère essentiellement politique, dont l'interprétation et l'exécution ne peuvent nous être déférées par la voie contentieuse, » ou une formule analogue. Ce qui est dans cette formule, c'est bien la doctrine de l'acte de gouvernement, mais non celle qui est aujourd'hui en faveur ; c'est la première doctrine que j'ai exposée au début de cette étude, celle qui définit l'acte de gouvernement par son but politique et qui permet au pouvoir exécutif de se mettre au-dessus des lois quand il s'agit de se défendre ou de défendre la société. Il s'agit dans tous ces arrêts, non pas d'actes généraux, ne touchant qu'indirectement aux droits des particuliers, mais d'actes individuels, et, presque toujours, d'actes soulevant une réclamation *pécuniaire*[3]. Ils

---

[1] P. ex. C. d'État 6 décembre 1836, S., 37, 3, 194 ; — 7 mars 1838, Dalloz, Rép. v° Conseil d'État, n° 73 ; — 1er février 1844, D., 45, 3, 36 ; et pour l'époque la plus récente les arrêts cités *infra*, p. 56 à 64.

[2] P. ex. C. d'Ét., 8 mars 1822, S., 22, 2, 220.

[3] C'est le cas de l'arrêt rendu en 1852 sur la réclamation de la famille d'Orléans (C. d'Ét. 18 juin 1852, D., 52, 3, 17). On trouvera dans les conclusions du commissaire du Gouvernement dans cette affaire (conclusions rapportées dans le recueil

sont donc l'expression d'une jurisprudence aujourd'hui disparue, et il est impossible de les considérer comme un appui pour le système aujourd'hui adopté. Il faut descendre jusqu'à l'époque du second Empire pour trouver des arrêts employant le mot *acte de gouvernement* dans des hypothèses autres que celles que je viens de préciser, et encore ces arrêts sont-ils en somme assez rares [1].

L'unanimité et la précision systématique que nous ne trouvons pas dans la jurisprudence existent-elles dans les auteurs? Pas davantage. Nous voyons, il est vrai, la théorie de l'acte de gouvernement, adoptée par la plupart des jurisconsultes qui ont écrit depuis vingt à vingt-cinq ans [2]; mais, même à cette époque récente, nous trouvons des dissidences [3], et, si nous remontons au delà, l'ensemble de la littérature juridique ne nous fournit plus aucune doctrine solidement

---

de Dalloz) l'indication et même le texte des arrêts antérieurs qui ont statué dans des cas analogues, 1er mai 1822 (Laffitte), 5 décembre 1838 (huit ordonnances identiques rendues le même jour sur la réclamation des princes de la famille Bonaparte), 22 août 1839 (Madame Lœtitia). Toutes ces ordonnances statuent sur des réclamations pécuniaires. — On peut y joindre l'arrêt Naundorff (4 août 1836, S., 36, 2, 446) qui rejette non une réclamation pécuniaire, mais un recours contre une décision du ministre de l'intérieur ordonnant l'expulsion d'un étranger, c'est-à-dire encore un recours contre un acte individuel fait en dehors des pouvoirs que la loi donnait au ministre. — Depuis la loi de 1849, la jurisprudence admet que l'arrêté d'expulsion d'un étranger peut être déféré au Conseil d'État pour excès de pouvoirs ou vice de forme.

[1] Notamment C. d'Ét., 26 février 1857, D., 57, 3, 81. — 28 mars 1866, D., 66, 3, 49 (aff. du duc de Montmorency).

[2] Dufour, *Droit adm.*, t. IV, p. 600. — Batbie, *Traité de droit administratif*, T. VII, p. 413; et Dictionnaire de Block, v° Gouvernement. — Ducrocq, *Traité de droit adm.*, n° 32. — Aucoc, *Conférence*, t. I. p. 490. — Laferrière, *Traité de la jurid. adm.*, t. 2, p. 30 et suiv., etc. — Voy. aussi les plaidoiries, conclusions et rapports présentés au Conseil d'État à l'occasion de diverses affaires où la question s'est soulevée. Tous leurs auteurs, ou à peu près, considèrent comme inattaquable la distinction entre l'acte gouvernemental et l'acte administratif, et ne cherchent jamais à l'écarter que par des considérations particulières à l'espèce. Je ne parle ici que des arrêts postérieurs à 1860. — Adde : Dalloz, Rép. v° *Compét. administr.*, n°s 28 et suiv.; et v° *Cons. d'État*, n°s 71 et suiv.

[3] Outre la dissidence déjà signalée de MM. Gautier et Brémond (v. *supra*, p. 2), je dois indiquer encore celle de MM. Cabantous et Liégeois (*Répétitions écrites sur le droit admin.*, n° 11). Voy. aussi la dissertation de M. Choppin dans l'affaire de *l'Histoire des princes de Condé*; — en note de Sirey, 67, 2, 124.

assise. Parmi les jurisconsultes éminents qui ont fondé la science du droit administratif dans les deux premiers tiers de ce siècle, on en trouve un grand nombre qui paraissent ne pas connaître la distinction entre l'acte administratif et l'acte gouvernemental[1]. D'autres acceptent la distinction, mais ne lui font produire aucune conséquence juridique[2]; et ceux qui l'admettent, comme l'a fait M. Vivien,

---

[1] La distinction n'est pas indiquée dans le *Droit administratif* de Cormenin (1840). En traitant des attributions contentieuses du Conseil d'État (titre II, ch. IV), cet auteur revient à deux reprises (n°s XVI et XIX) sur le principe que le Conseil d'État, statuant au contentieux, ne peut connaître des mesures *purement administratives*; il ne parle point des affaires gouvernementales.

Elle n'est pas non plus indiquée dans le *Cours de droit public et administratif* de M. F. Laferrière (1852). En traitant du contentieux administratif (l. 3, t. I, ch. 3), cet auteur déclare que, parmi les actes de l'administration, quelques-uns ne peuvent donner lieu à aucun contentieux; ces actes sont, suivant lui, les actes *de pur commandement* et *de pure faculté (meri imperi vel facultatis)*. Il fait rentrer dans cette catégorie quelques-uns des actes aujourd'hui appelés actes de gouvernement, et un très grand nombre d'actes purement administratifs.

Elle est presque expressément repoussée par M. Bouchené-Lefer dans ses *Principes de droit public administratif* (1862). Cet auteur, en effet, dans son analyse générale du contentieux administratif, ne parle aucunement des actes de gouvernement; et, en parlant du recours pour excès de pouvoirs, il déclare que ce recours est possible contre les actes des autorités exécutives ou administratives quelconques, même en matière discrétionnaire (p. 624).

Macarel, que l'on invoque assez souvent comme un partisan de la distinction, donne au contraire, dans son *Cours de droit administratif* (1844), des définitions qui l'excluent. Il définit le Gouvernement : « le pouvoir qui fait les lois, qui a pour mission spéciale de diriger la société dans les voies de son développement et de pourvoir sans cesse à sa conservation. » Puis il ajoute : « L'administration, c'est l'action vitale du gouvernement ; et, sous ce rapport, elle en est le complément nécessaire ; il est la tête, elle est le bras de la société. *L'administration est donc le gouvernement du pays, moins la confection des lois et l'action de la justice entre particuliers.* » En réalité donc, Macarel entend par *Gouvernement* l'ensemble des pouvoirs publics ; et par *Administration* le pouvoir exécutif tout entier, moins l'autorité judiciaire (p. 12 et 13).

Enfin, je ne trouve cette distinction indiquée dans le *Dictionnaire de droit public et administratif* de Le Rat de Magnitot (1841), ni dans le *Dictionnaire d'administration* de MM. Blanche et Ymbert, qui est dû à la collaboration d'un grand nombre d'écrivains éminents.

[2] Henrion de Pansey *(De l'autorité judiciaire,* 1810, ch. I, 33, 38, 41) distingue le pouvoir exécutif en trois branches, et appelle *actes de Gouvernement* les actes qui intéressent la sûreté extérieure de l'État et ses rapports avec ses voisins. — Mais on

4

dans son rapport sur la loi du 3 mars 1849, l'entendent avec la jurisprudence de cette époque dans le sens aujourd'hui condamné. — Nous avons vu du reste que, dans la discussion même de cette loi, la doctrine soutenue par M. Vivien n'avait nullement rallié la majorité de la Chambre, et qu'à cette date les nombreux jurisconsultes qui prirent part au débat ne paraissaient nullement admettre la théorie de l'acte de gouvernement.

Ainsi, ni en jurisprudence, ni en doctrine, nous ne trouvons une théorie ayant eu, jusqu'à ces dernières années, assez d'autorité pour se faire accepter de tous ou de presque tous. Le législateur n'a donc rien pu sanctionner par son silence et il n'est pas possible de parler de confirmation législative.

III.

J'ai ainsi passé en revue et essayé de réfuter les divers arguments que l'on fait d'ordinaire valoir en faveur de la théorie de l'acte de gouvernement. Je ne crois pas cependant que ma mission soit terminée. Dans une matière comme celle-ci, il importe de ne pas se fier d'une manière absolue à la méthode de déduction juridique. Une doctrine qui serait fondée sur les textes, mais qui mettrait les pouvoirs publics dans l'impossibilité d'accomplir leur tâche, serait une

---

définissant le contentieux administratif (ch. 41), il ne paraît nullement exclure les actes de Gouvernement.

Il en est de même du baron de Gérando (*Institutes de droit administratif*, 1842), et de Foucart (*Éléments de droit public et administratif*, 1843). Ces deux auteurs distinguent théoriquement l'autorité administrative de l'autorité gouvernementale ; mais arrivés à la théorie du contentieux administratif, ils n'en excluent nullement en principe les actes gouvernementaux (Gérando, t. I, n° 9. — t. V, n° 2111 et suiv. — Foucart, t. I, n° 113 ; t. III, n°ˢ 1790 et suiv.)

Chauveau Adolphe (*Principes de compétence et de juridiction administratives*) oppose le mot *gouverner* au mot *administrer*, et le *pouvoir exécutif* pur à l'*administration active*. Mais il ajoute (t. 2, p. 3) : « Je n'attache pas une importance décisive à cette division *doctrinale* et on pourrait, sans inconvénient grave, confondre les attributions du pouvoir exécutif pur avec celles de l'administration active au premier chef. Cependant je maintiens cette division parce que l'expérience m'a fourni la preuve qu'elle servait au moins à s'orienter. »

doctrine inacceptable. Il me reste donc à suivre dans le détail les conséquences du système que je me suis efforcé d'établir, et à démontrer que ce système ne crée dans notre droit public aucun vide qu'on ne puisse combler. Il est à peine besoin de dire que je ne veux ni aborder toutes les questions à propos desquelles on a invoqué la théorie de l'acte de gouvernement, ni traiter à fond celles-là même que je vais aborder. Le but que je me propose est simplement d'indiquer dans quel esprit elles doivent être traitées.

La règle générale, telle que je l'ai dégagée à la fin de la première partie de ce travail, peut se résumer en quelques mots : tous les actes émanés des divers agents du pouvoir exécutif seront en principe soumis aux règles générales du contentieux administratif; ils pourront être discutés au contentieux, soit au cas de violation d'un droit, soit au cas d'excès de pouvoir. A cette règle il y a des exceptions ; mais ces exceptions devront toutes être *motivées,* et ce ne sera pas les motiver d'une façon suffisante que d'invoquer le caractère gouvernemental de l'acte.

I. — Appliquons d'abord notre règle aux rapports du chef de l'État avec les Chambres, c'est-à-dire aux actes par lesquels le Président de la République convoque ou ajourne les Chambres, prononce la clôture de leur session, dissout la Chambre des députés, etc. Ce sont là assurément des actes gouvernementaux dans tous les sens du mot. Cependant le Président de la République n'a pas, en ce qui les concerne, des pouvoirs illimités ; ils sont soumis à certaines règles qu'il ne pourrait violer sans commettre une sorte d'excès de pouvoir. Par exemple, il ne peut ajourner les Chambres que pour un mois, et deux fois seulement dans le cours d'une session ; il ne peut dissoudre la Chambre des députés que sur l'avis conforme du Sénat, etc. Faut-il en conclure que ces actes sont soumis au contentieux administratif et qu'on peut en demander l'annulation en Conseil d'État pour cause d'excès de pouvoir? Non, assurément ; et j'admets sans hésitation qu'il y a ici une exception aux règles générales du contentieux. Seulement le motif qu'on en donne d'ordinaire, c'est-à-dire la nature gouvernementale des actes dont il s'agit, est pour moi insuffisant, et l'exception doit en être justifiée par une analyse moins superficielle des rapports entre les divers pouvoirs. Le véritable motif, c'est que les contestations soulevées par ces actes ne pourraient s'agiter qu'entre l'une des Chambres et le chef de l'État, et que le Conseil d'État n'est pas créé pour servir d'arbitre entre le pouvoir exécutif et le pouvoir législatif. Appartenant lui-même à la hiérarchie administrative, il est compétent pour juger les réclamations contre les actes de l'administration, quand elles proviennent d'un particulier ou d'une autorité administrative inférieure, aux prérogatives de laquelle il a été fait grief. Mais pour les actes dont nous parlons, la réclamation ne pourrait provenir que des Chambres elles-mêmes. Les particuliers, en effet, n'auraient pas ici, pour intenter le recours fondé sur l'excès de pouvoir, *l'intérêt direct et personnel* qui est exigé de toute personne demandant pour ce motif l'annulation d'un acte administratif; ils ne pourraient pas plus demander l'annulation du décret qui proroge ou dissout la Chambre, que l'annulation d'un décret qui suspendrait ou dissoudrait illégalement un conseil général ou un conseil municipal. C'est donc seulement de la Chambre des députés ou du Sénat considérés comme corps que la réclamation pourrait provenir. Il n'est pas besoin de faire remarquer que pareille réclamation est tout à fait invraisemblable; mais, si jamais elle était tentée, le Conseil d'État devrait refuser d'en connaître, parce que si le Président de la République, auteur de l'acte, est une autorité administrative justiciable du Conseil d'État, il n'en est pas de même du Sénat ou de la Chambre des députés. Un conflit entre l'une de ces Assemblées et le chef de l'État n'est pas plus de nature à être soumis à un tribunal qu'un conflit entre les Chambres elles-mêmes, tel que celui qui s'est fréquemment élevé entre elles au sujet des attributions financières du Sénat. Il serait peut-être désirable qu'il existât un tribunal assez haut placé dans l'opinion publique et assez éloigné des luttes de partis, pour trancher, avec toute l'autorité qui appartient à un juge impartial et éclairé, les conflits de droit constitutionnel qui peuvent surgir entre les divers pouvoirs. Mais ce tribunal qui serait sans doute difficile à organiser n'existe pas, et le Conseil d'État, simple corps administratif, ne peut en tenir lieu. — On pourrait du reste invoquer encore un autre motif pour écarter, à l'égard des actes dont nous parlons, le recours pour excès de pouvoir. La théorie du recours pour excès de pouvoir, telle qu'elle a été construite par la jurisprudence, fait de ce recours une sorte d'action subsidiaire qui est déclarée non-recevable toutes les fois qu'une

autre action existe par laquelle les parties peuvent directement
obtenir justice. Or, la Chambre dissoute ou ajournée illégalement
par le Président de la République, aurait en droit la possibilité
d'échapper à l'acte illégal ; elle pourrait le considérer comme non
avenu, et se réunir régulièrement malgré le décret d'ajournement
ou de dissolution. Elle pourrait en outre mettre en jeu tous les
moyens dont elle dispose pour agir sur le pouvoir exécutif : responsabilité ministérielle, mise en accusation des ministres ou du Président de la République (en cas de haute trahison). Elle a donc entre
les mains des moyens de défense qui rendent inutile le recours pour
excès de pouvoir et qui par conséquent l'excluent.

La théorie courante fait également rentrer dans la classe des actes
de gouvernement les décrets de convocation des électeurs pour la nomination des sénateurs et députés [1]. Cet acte, comme les précédents
et plus qu'eux encore, est réglé dans ses détails par des lois très for-
melles : ainsi la convocation ne peut avoir lieu que lorsqu'il y a
vacance du siège de sénateur ou de député ; elle doit suivre la vacance
dans un certain laps de temps ; un certain délai doit s'écouler entre
la convocation et l'élection ; en cas de ballottage, il doit y avoir un
certain intervalle entre les deux scrutins, etc. Comme tout à l'heure,
il y aurait excès de pouvoir de la part du chef de l'État à ne pas se
conformer, sur ces divers points, aux règles tracées par la loi, et
nous n'avons pas ici les mêmes raisons que tout à l'heure pour faire
échapper ces actes aux règles générales du contentieux administratif.
Seulement la voie à suivre pour faire reconnaître l'excès de pouvoir
ne sera pas le recours ordinaire au Conseil d'État. Ce recours, en
effet, n'est pas même admis lorsqu'il s'agit d'élections ayant un caractère purement administratif, par exemple d'élections au conseil
général ou au conseil municipal. La jurisprudence est fixée en ce
sens que le contentieux des actes préalables à l'élection est absorbé par
le contentieux de l'élection elle-même ; ils ne peuvent être directement déférés au Conseil d'État pour excès de pouvoir parce que les
électeurs ont une autre voie pour les écarter s'ils ont eu pour effet de
fausser les résultats du scrutin ; ils peuvent, une fois l'élection faite,

[1] Aucoc, *Conférences*, t. I, n° 38.

être appréciés par le juge de l'élection, c'est-à-dire, dans les exemples choisis, par le Conseil de préfecture ou le Conseil d'État lui-même, et ce juge est compétent pour en tirer toutes les conséquences au point de vue de la validité de l'opération [1]. — Il faut appliquer cette même théorie aux élections politiques. Les actes préalables à l'élection, et notamment les décrets qui convoquent les électeurs seront appréciés par le juge de l'élection ; seulement ce juge est ici d'une nature toute spéciale, puisque c'est l'Assemblée politique elle-même, Chambre des députés ou Sénat, qui vérifie les pouvoirs de ses membres. Mais cela ne doit rien changer à la théorie, car cette vérification des pouvoirs est une véritable attribution judiciaire, et le caractère spécial de la juridiction ne fait rien au fond du droit. Si donc les actes de ce genre échappent au contrôle du chef de l'État, c'est qu'ils ont un autre juge ; leur nature gouvernementale (à supposer que ce soit bien réellement des actes gouvernementaux) n'y est pour rien.

Il faut rapprocher des actes précédents la déclaration d'état de siège prononcée par le Président de la République dans les cas exceptionnels où elle rentre dans sa compétence en vertu de la loi du 3 avril 1878. On sait que, d'après ce texte, l'état de siège ne peut en principe être déclaré que par une loi ; il ne peut l'être par le Président de la République qu'en cas d'ajournement des Chambres, lesquelles se réunissent de plein droit deux jours après.

Il résulte de cette disposition que la déclaration quand elle n'émane pas des Chambres elles-mêmes, est placée sous leur contrôle immédiat. Il n'y a donc pas utilité, du moins en général, à se demander si elle peut être attaquée devant le Conseil d'État pour cause d'excès de pouvoir ; les Chambres se réunissant immédiatement s'approprieront l'acte du chef de l'État, et alors il sera au-dessus de tout recours ; ou elles refuseront de le ratifier, et alors il tombera de lui-même. Là encore il ne peut y avoir place que pour un débat entre les deux pouvoirs, et le Conseil d'État ne peut en être juge. — Toutefois la question de recours au Conseil d'État peut se poser dans quelques hypothèses : si la Chambre des députés est dissoute, et s'il

---

[1] C. d'État, 6 février 1885, D., 86, 3, 99. — 4 avril 1844, D., 85, 3, 99. — 25 mars 1881, D., 82, 3, 78, et la note.

y a guerre étrangère, le Président de la République peut déclarer l'état de siège à la charge de convoquer les électeurs et de réunir les Chambres dans le plus bref délai possible. Ne pourrait-on déférer sa décision au Conseil d'État, si, la Chambre étant dissoute, il proclamait l'état de siège en dehors du cas prévu par la loi, c'est-à-dire en l'absence de toute guerre étrangère? Dans la doctrine classique, on répond négativement, parce que la déclaration est un acte gouvernemental ; pour moi le recours serait possible. Il le serait aussi contre la déclaration d'état de siège prononcée par le gouverneur général de l'Algérie, en cas d'interruption ou de prétendue interruption des communications avec la France (loi du 3 avril 1878, art. 4), ou par les gouverneurs des colonies (loi du 9 août 1849, art. 4, et loi du 3 avril 1878, art. 6). Je crois ces solutions, qui résultent tout naturellement de mon système, préférables aux solutions contraires, parce qu'elles donnent aux citoyens des garanties plus complètes. Sans doute ils pourront jusqu'à un certain point se défendre contre les conséquences de l'état de siège irrégulièrement prononcé, en recourant non contre la déclaration elle-même, mais contre les décisions prises en vertu de cette déclaration par les autorités chargées de l'appliquer. Seulement ce recours éventuel est insuffisant, parce que les mesures prises en vertu de l'état de siège (perquisitions, saisies des armes et munitions, interdictions des publications et réunions jugées dangereuses, etc.) sont de nature à peser lourdement sur les personnes qui y sont soumises, et à leur causer, avant même que le recours soit matériellement possible, des dommages difficilement réparables. Les particuliers se placeront hors de toute atteinte en faisant tomber la déclaration elle-même dès le moment où elle est prononcée.

Quant aux actes des autorités chargées d'appliquer l'état de siège, on convient en général qu'ils constituent de purs actes administratifs, susceptibles de recours contentieux si ces autorités dépassent les pouvoirs qui leur sont attribués par les lois sur l'état de siège. La loi du 9 août 1849, en effet, ne leur confère pas des pouvoirs illimités, et en dehors des règles spéciales qu'elle édicte, les citoyens restent sous l'empire du droit commun. Les tribunaux civils ou administratifs, suivant les cas, saisis d'une réclamation contre l'acte de l'une de ces autorités pourront donc vérifier si elle n'a point dépassé la limite de ses pouvoirs, et aussi contrôler la déclaration d'état de siège elle-même et s'assurer de sa régularité. Ce sont là des idées sur lesquelles tout le monde est aujourd'hui d'accord [1], mais qui à diverses époques ont été plus ou moins obscurcies par la théorie de l'acte de gouvernement, et qui ne peuvent plus faire aucun doute si l'on rejette cette théorie.

II. — On fait rentrer en bloc dans la sphère gouvernementale les divers actes qui concernent les rapports de l'État avec les puissances étrangères ; on en conclut que les traités diplomatiques et les mesures que prend le Gouvernement pour en assurer l'exécution échappent absolument au contentieux judiciaire ou administratif ; et la jurisprudence ratifie cette règle sans toutefois (nous l'avons vu) la rattacher d'une manière expresse à la théorie de l'acte de gouvernement. Ici, encore, nous allons constater que la plupart des solutions admises par la jurisprudence et par les auteurs sont parfaitement exactes. Toutefois en cherchant à ces solutions des motifs plus précis que la vague classification généralement adoptée, nous serons amenés à faire quelques distinctions que la jurisprudence n'admet pas, et à protéger plus efficacement, dans certains cas, les droits des particuliers.

1° La première règle à poser est la suivante . les tribunaux français, qu'ils soient d'ordre civil ou administratif, ne peuvent annuler les traités faits par le Gouvernement français avec les Gouvernements étrangers, ni statuer sur l'étendue des obligations réciproques qui en découlent pour chacun des gouvernements contractants. Cette règle est hors de toute contestation, mais il n'est pas besoin pour la justifier de s'appuyer sur la théorie de l'acte de gouvernement. Il suffit de constater que les tribunaux français n'ont aucun droit de juridiction sur les gouvernements étrangers qui ont pris part au contrat. Pour avoir un juge compétent, il faudrait un tribunal international placé au-dessus des parties en cause. Ce tribunal n'existant pas, les questions de cet ordre ne peuvent être discutées que diplomatiquement, et le seul juge qui pourrait statuer sur elles serait un arbitre choisi par les parties [2].

---

[1] Voy. Laferrière., *Jurid. administr.*, t. II, p. 35 et les arrêts qui y sont cités.— Les deux arrêts du 5 janvier 1855 et du 10 janvier 1855 paraissent bien appliquer la théorie de l'acte de gouvernement aux réclamations dirigées contre ces actes ; mais c'est certainement à tort.

[2] Cela ne veut pas dire que les tribunaux français soient toujours incompétents

Cette première règle doit même s'appliquer lorsque le traité met à la charge de l'un des gouvernements contractants une obligation envers un tiers ; là encore, quoique le tiers soit un simple particulier, la compétence des tribunaux nationaux ne peut s'appliquer, parce qu'il s'agit d'une obligation qui est contractée de gouvernement à gouvernement, quelle que soit du reste la personne qui doit profiter de la stipulation. J'admets donc que les tribunaux doivent se déclarer incompétents lorsqu'ils sont saisis d'une réclamation uniquement basée sur un traité diplomatique. C'est le propre du droit international de poser des règles dont aucun tribunal ne peut assurer l'observation ; le Gouvernement qui a pris un engagement dans un traité est très régulièrement obligé, mais la sanction de son obligation ne peut être autre que la sanction imparfaite de toutes les obligations du droit des gens. La jurisprudence a fait très souvent l'application de cette doctrine qui est très correcte et qu'il faut seulement motiver autrement qu'on ne le fait d'ordinaire [1];

2° Mais si, dans le but d'exécuter les obligations portées au contrat, le Gouvernement s'adresse aux particuliers pour se procurer les ressources nécessaires, soit en traitant avec eux, soit même en leur imposant certains sacrifices, il fait un acte administratif qui reste soumis aux dispositions du droit interne, malgré le caractère international du but poursuivi, et qui comme tel peut soulever une réclamation devant les tribunaux français, civils ou administratifs, suivant les cas. Lorsque, pour payer une contribution de guerre ou une somme quelconque promise par un traité, le Gouvernement fait un emprunt, il n'y aucune raison de soustraire cet emprunt aux règles ordinaires

---

à l'égard des obligations que les Gouvernements étrangers, envisagés comme personnes morales, pourraient avoir contractées envers un particulier, notamment envers un de nos nationaux. C'est là une question toute différente de celle qui est examinée au texte. Elle ne met plus en jeu des relations d'ordre international, des relations d'État à État ; elle n'intéresse plus le Gouvernement étranger considéré comme puissance publique. C'est une simple question de droit privé, et l'on peut alors appliquer les règles ordinaires sur la compétence des tribunaux français à l'égard des étrangers. (Voy., sur la question de compétence des tribunaux à l'égard des Gouvernements et souverains étrangers, l'article de Bar dans le *Journal* de Clunet, 1885, p. 645, et les diverses dissertations publiées dans le même *Journal*, et indiquées en note par M. Beauchet.)

[1] Voy. Cons. d'État, 14 novembre 1884, D., 86, 3, 40, et les références.

de compétence. Un gouvernement qui par traité s'engagerait à construire une forteresse sur un point déterminé, ou à faire une route, un chemin de fer, dans une direction indiquée, ne serait pas dispensé, par le fait seul de sa promesse, de suivre en exécutant le travail toutes les règles du droit interne sur l'expropriation ou les travaux publics. S'il s'engageait au contraire à démolir la forteresse, à déclasser la route, le déclassement produirait toutes ses conséquences juridiques ordinaires, et par exemple le droit de préemption appartiendrait aux riverains de la route dans les conditions prévues par les lois. — Ce sont là des applications très simples d'une idée qui peut servir à trancher des questions plus délicates. Ainsi nous déciderons, en vertu de cette idée, que le Gouvernement s'engageant par un traité à loger ou à nourrir des troupes étrangères, n'est point dispensé, s'il veut les loger chez l'habitant ou les nourrir par voie de réquisition, de suivre les règles ordinaires sur les réquisitions de vivres ou de logement ; le fait que ces réquisitions ont eu pour but l'exécution d'une convention diplomatique ne change rien à leur nature et n'en fait pas des actes de gouvernement soustraits au contrôle de toute juridiction. Les décisions en sens contraire que l'on peut relever dans la jurisprudence sont, me semble-t-il, parmi les applications abusives de la théorie de l'acte de gouvernement[1]. La jurisprudence admet bien que les réquisitions faites par une municipalité, sous l'empire d'une nécessité urgente, pour les besoins de l'armée ennemie qui occupe la ville, restent soumises aux règles du droit commun[2], et je ne vois pas en quoi le fait que les réquisitions ont eu pour but d'arriver à l'exécution d'une convention diplomatique au lieu d'avoir pour objet de parer aux nécessités pressantes de l'invasion peut changer les règles ordinaires de compétence. Sans doute les tribunaux français ne sont pas compétents pour déclarer à quoi le Gouvernement français est obligé envers le Gouvernement étranger ; mais l'étendue de ces obligations ne change rien aux règles du droit interne sur les sacrifices que l'administration peut imposer à la propriété privée. — Il n'en serait autrement que si le Gouvernement, se trouvant sous le coup

---

[1] Aff. Goulet. Conflits, 14 septembre 1872. Cons. d'Ét., 14 mars 1873, D., 73, 3, 10 et 76. — Aff. Villebrun, Conflits, 3o juin 1877, D., 78, 3, 15. — Cpr. aff. Sicart, Conflits, 15 novembre 1879, D., 80, 3, 95.

[2] Aff. Butin. Conflits, 11 mai 1872. D., 72, 3, 73.

de la force majeure, était contraint de subir des obligations pour la réalisation desquelles aucune loi interne ne peut être applicable, par exemple de livrer des otages ; un acte de ce genre ne pourrait pas donner lieu devant les tribunaux à une discussion juridique parce que ce serait un fait de force majeure, un véritable fait de guerre, et nous verrons bientôt que les faits de ce genre ne peuvent donner lieu à aucune action en indemnité contre l'État.

Les règles précédentes pourraient cependant être modifiées s'il s'agissait d'un traité ayant reçu la ratification législative (qui, on le sait, est nécessaire, d'après les lois constitutionnelles de 1875, pour tous les traités véritablement importants). Cette ratification donne au traité la force souveraine de la loi. Le législateur peut donc, sous cette forme comme sous toute autre, imposer des sacrifices à la propriété privée. Dans ce cas, il y a simplement lieu d'observer qu'il faut apporter beaucoup de circonspection à interpréter un traité comme imposant *ipso facto* aux citoyens, des charges que ne leur impose pas la législation générale. Cette interprétation sera, du reste, de la compétence des tribunaux auxquels est confiée la protection des droits individuels [1] ;

3° Enfin, il faut admettre qu'aucune action contentieuse n'est possible contre l'État pour l'obliger à tenir telle ou telle conduite dans ses relations avec les puissances étrangères. Il n'existe aucune loi, par exemple, qui impose au Gouvernement l'obligation d'engager,

---

[1] Quelques auteurs admettent sans aucune distinction que les tribunaux, compétents pour *appliquer* les traités diplomatiques qui touchent au droit privé, ne sont jamais compétents pour les *interpréter* toutes les fois que le sens en est douteux, et que cette interprétation n'appartient jamais qu'au Gouvernement et à l'action diplomatique (Laferrière, *Jurid. administ.*, t. II, p. 48). — La jurisprudence est loin d'admettre un système aussi absolu. Elle peut se résumer à peu près dans la formule suivante que j'emprunte à M. Pradier-Fodéré (*Droit international public*, t. II, n° 1173) : Il n'appartient aux tribunaux d'interpréter les traités que dans le cas où cette interprétation se rapporte à des intérêts privés, dont le règlement est soumis à leur appréciation. Les questions qui découlent du traité sont du ressort de l'autorité judiciaire, de l'autorité administrative, ou du gouvernement, selon que le caractère de la question et la nature de la contestation sont judiciaires, administratives ou politiques. Voy. Cass., Ch. réunies, 11 août 1841 (Dall., Rép. v° *Traité international*, n° 166). Cons. d'Ét., 12 décembre 1868, D., 69, 3, 59. Cass., 27 juillet 1877, D., 78, 1, 137.

dans des circonstances données, une action diplomatique ou militaire, soit pour protéger nos nationaux établis à l'étranger, soit pour leur faire obtenir une indemnité quand ils ont éprouvé un dommage. Il est évident que toute loi de ce genre serait inexécutable : quelque graves que l'on suppose les torts d'un Gouvernement étranger envers nos compatriotes, la question de savoir si le Gouvernement français doit réclamer en leur faveur, et dans quelle mesure il doit le faire, ne peut être qu'une question d'opportunité, une question de conduite, que le Gouvernement résoudra sous sa responsabilité, et dont il n'aura de compte à rendre qu'aux Chambres. Je considère comme bien fondées les nombreuses décisions rendues en ce sens par le Conseil d'État [1] ; mais je ne crois pas qu'il soit nécessaire, pour les justifier, d'invoquer la théorie des actes de gouvernement. Il n'y a pas d'action, parce qu'il n'y a pas de droit ; il existe sans doute, à la charge de l'État, une sorte d'obligation morale de protéger ses nationaux dans la mesure du possible ; mais cette obligation, qui n'est sanctionnée par aucune loi, ne fait naître aucun droit corrélatif, et les éléments de l'action manquent.

Il faut aller plus loin : si en fait le Gouvernement, à la suite d'une action diplomatique, a reçu d'un Gouvernement étranger une indemnité destinée à réparer les dommages causés à nos nationaux, ceux-ci ne pourront cependant former contre l'État aucune demande contentieuse. Sans doute, il y a dans ce cas, à la charge de l'État, plus qu'une simple obligation morale ; il s'est engagé, envers le Gouvernement étranger, à employer la somme qu'il reçoit à la réparation de certains dommages. Mais cette obligation n'a sa base que dans un traité diplomatique, elle n'existe que de Gouvernement à Gouvernement, et elle ne peut, d'après les principes posés tout à l'heure, être invoquée devant les tribunaux français, qui doivent se déclarer incompétents pour en connaître. Entre l'État et les victimes des dommages, la situation est la suivante : l'État a obtenu un secours, il le distribue à titre de secours, c'est-à-dire à titre purement gracieux, et sans qu'aucune réclamation contentieuse puisse s'élever contre la répar-

---

[1] C. d'Ét., 12 janvier 1877 (aff. Dupuy) ; 8 février 1864 (aff. Chevallier); 4 juillet 1862 (aff. Simon); 12 décembre 1834 (Argenton).

tition qu'il en fait. En cela encore je suis pleinement d'accord, quant
au résultat, avec une jurisprudence constante [1].

III. — Une troisième série de faits, que l'on rattache d'ordinaire
à la théorie de l'acte de gouvernement, comprend les faits que l'on
qualifie de faits de guerre, c'est-à-dire les dommages causés aux
particuliers dans le cours d'une guerre, et qui se rattachent aux nécessités de la lutte. Il est constant, dans notre droit public, que les faits
de ce genre ne peuvent donner lieu à aucun recours contentieux
devant aucun Tribunal, ni pour en arrêter l'exécution (ce qui est
évident), ni même pour obtenir réparation du dommage qu'ils ont
causé. Mais la théorie de l'acte gouvernemental donne-t-elle réellement de cette règle une explication satisfaisante? En partant de cette
théorie, on s'explique assez mal les distinctions que fait la jurisprudence (et parfois la loi elle-même [2]) entre les divers dommages occa-
sionnés par la guerre. Si tous les faits de guerre sont des actes de
gouvernement, il faut considérer comme tels, non seulement les actes
commandés par les nécessités immédiates de la lutte (destruction des
des maisons par les projectiles, occupation des propriétés privées par
les troupes, etc.), mais aussi les actes accomplis par l'autorité militaire avant la lutte, et dans le but de la préparer (établissement d'un
système de fortifications à distance de l'ennemi, autour des places
dont on prévoit l'investissement ; occupation des propriétés privées
pour le casernement des troupes, etc.). Où serait, en effet, la raison
de distinguer? Si l'autorité militaire gouverne quand elle livre une
bataille, est-ce qu'elle ne gouverne pas aussi quand elle prévoit de
loin le combat et prend à l'avance les précautions nécessaires? En
quoi le plus ou moins grand éloignement de l'ennemi peut-il changer
le caractère gouvernemental de l'acte? — La vérité est que c'est
forcer le sens des mots que de donner aux faits de guerre le nom
d'actes de gouvernement; on peut appeler de ce nom les actes généraux, tels que la déclaration de guerre ou la direction d'ensemble des
opérations militaires, mais il est bizarre de désigner ainsi l'occupation

---

[1] C. d'Ét., 5 janvier 1847 (Courson); 30 avril 1867 (Dubois); 18 novembre
1869 (Jecker); 12 février 1870 (Casamance).
[2] Voy. la loi des 8-10 juillet 1791 sur la distinction entre l'état de paix, l'état
de guerre et l'état de siège.

d'un champ par une escouade, ou la destruction d'une maison par le tir d'une batterie. Quoi qu'il en soit, du reste, et à supposer qu'on ait raison de considérer comme gouvernementales toutes les mesures prises pour combattre l'ennemi, cette idée ne peut pas servir, je le répète, à expliquer les distinctions faites par la jurisprudence. Le véritable motif des solutions qu'elle donne est ailleurs. Il se trouve uniquement dans cette idée que les faits de guerre sont des faits de force majeure, et que les particuliers victimes de la force majeure n'ont pas le droit d'en rendre l'État responsable[1]. La guerre, comme

---

[1] Je sais bien que cette idée est contestable en théorie. Elle a été longuement discutée à diverses reprises dans les Chambres, et notamment en 1871 à l'Assemblée nationale. La commission chargée d'examiner la proposition de M. Claude (tendant à faire supporter par toute la nation française les contributions de guerre, réquisitions et dommages matériels de toute nature causés par l'invasion) concluait, par l'organe de son rapporteur, M. Albert Grévy, à *l'obligation* pour l'État d'indemniser pleinement les particuliers des dommages causés par la guerre. — La guerre est le fait de la nation tout entière ; donc la nation tout entière doit en supporter les conséquences ; telle est à peu près la formule que l'on peut donner de cette thèse. — Elle fut énergiquement combattue par M. Thiers : « L'État n'indemnise jamais des hasards de la guerre, il n'indemnise que des dommages volontaires, intentionnels, réfléchis, dont il est l'auteur. » (V. la discussion, notamment séances des 4, 5, 8 août 1871. — Ce fut à M. Thiers en définitive que l'Assemblée donna raison ; la loi des 6-12 septembre 1871 ne pose pas le principe d'une *dette* incombant à l'État ; elle présente le dédommagement donné par l'État comme quelque chose d'exceptionnel (Voy. le préambule), déclare qu'elle n'entend pas déroger aux principes posés dans la loi du 10 juillet 1791 et dans le décret du 10 août 1853, et dit dans l'art. 3 : Lorsque l'étendue des pertes aura été constatée, une loi fixera la somme que *l'état du Trésor public* permettra de consacrer à leur dédommagement et en déterminera la répartition. » — Un peu plus tard, la loi des 7-13 avril 1873 vint allouer, à titre d'indemnité, 140 millions à la ville de Paris et 120 aux départements. Dans l'élaboration de cette loi, la question de principe ne fut pas même discutée. Le rapport fait par M. André, dit, en traitant la question de *l'intérêt* des sommes dues aux victimes de la guerre : « Il est bien clairement entendu que la proposition d'ajouter l'intérêt au principal des sommes à répartir ne saurait prêter à une interprétation que rien n'autorise. Le Gouvernement ni la Commission du budget n'ont entendu créer un droit à indemnité, ni consacrer l'existence d'une dette de l'État » (Séance du 25 mars 1873. Annexe n° 1711). — Ces lois n'admettent donc pas, et à vrai dire aucun texte n'a jamais admis qu'il y eût un *droit* contre l'État au profit des victimes de la guerre. Ce serait un principe fort dangereux ; et l'on peut du reste considérer comme tout à fait impraticables les conséquences auxquelles il conduirait.

l'inondation, comme l'épidémie, comme l'incendie provenant du feu du ciel, est un de ces accidents ou fléaux calamiteux qui frappent où il plaît à Dieu, et que chacun doit supporter sans recours contre personne. Nous trouvons cette assimilation indiquée dans un texte même du Code civil, l'article 1773. C'est pour cela que l'État ne doit pas plus réparation des dommages causés par ses propres armées, pendant la guerre, que des dommages causés par l'armée ennemie. — Avec ce point de départ, on s'explique sans peine les distinctions de la jurisprudence. Les seuls faits de force majeure sont ceux que commandent les nécessités de la lutte. Qu'en présence de l'ennemi, les soldats occupent un champ et y construisent une tranchée, le propriétaire de ce champ ne peut se plaindre : son terrain s'est trouvé le terrain du combat, et il en subit les conséquences. Mais que, loin de l'ennemi, en prévision d'un investissement qui ne se produira peut-être jamais, on multiplie les travaux de défense autour d'une place de guerre, les propriétaires atteints par ces travaux auront droit à indemnité ; ils sont alors victimes, non d'un fait de force majeure, mais d'un acte calculé, voulu, d'un acte de prévoyance qui ne présente pas le caractère de nécessité des faits de guerre. L'État n'a pas le droit de choisir un propriétaire et de lui causer volontairement un dommage, même dans un but d'utilité ; il doit, dans ce cas, une indemnité, comme s'il avait agi en temps de paix. — Entre ces deux catégories de faits, faits de guerre, faits volontai   la distinction sera parfois délicate, parce qu'il ne sera pas toujou   de savoir ce qu'il faut entendre par *nécessités immédiates d*   , du moins, il y a là une base de distinction sérieuse, et elle n'a rien de commun avec la théorie de l'acte de gouvernement [1].

Quant aux commissions chargées de répartir, entre les intéressés, les indemnités accordées aux victimes de la guerre par des lois spéciales, elles constituent des autorités administratives dont les décisions pourraient être, en cas d'excès de pouvoir, déférées au Conseil d'État.

---

[1] J'ai déjà dit que les arrêts ne prononçaient pas en cette matière le mot *acte de gouvernement* ; ils se bornent à déclarer qu'il s'agit d'actes commandés par les nécessités immédiates de la lutte, et constituant des faits de guerre qui ne peuvent donner droit à indemnité. En somme, c'est bien là apprécier la demande au fond, et non l'écarter par une fin de non recevoir. Voy. notamment : C. d'Ét., 9 mai 1873, D., 74, 3, 9, et les remarquables conclusions de M. Laferrière.

Cette règle me paraît constante, et le Conseil d'État l'a admise
formellement [1] ; elle trouverait son application dans le cas où ces
commissions statueraient en dehors de leur compétence, ou sans
observer les formes qui leur sont imposées par la loi spéciale de leur
institution. En fait, les recours de ce genre seront rarement possibles, les lois d'indemnité n'imposant d'ordinaire aux commissions
qu'elles créent, aucune forme de procédure, et ces commissions n'étant
pas, du reste, obligées de suivre les formes judiciaires du droit commun. Ce dernier point est certain, puisque leurs décisions consistent
simplement à répartir des sommes allouées gracieusement à titre de
dédommagement volontaire, et, par conséquent, n'ont rien de contentieux. — A plus forte raison faut-il considérer comme impossible à
leur égard un recours au Conseil d'État portant sur le fond du droit.
En refusant une indemnité, elles ne violent aucun droit, puisqu'il
n'existe pas, au profit des intéressés, de *droit* à indemnité. Leur décision est aussi souveraine sur le fait que celle de n'importe quelle
autorité statuant sur une distribution de secours. Il n'en serait autrement que si la loi elle-même avait réservé contre leurs décisions
l'appel au Conseil d'État [2]. On comprend que, dans un haut sentiment
d'équité, pour assurer la répartition proportionnelle des sommes
allouées, le législateur décide que la distribution sera soumise au
contrôle judiciaire du Conseil d'État ; mais c'est là une décision
exceptionnelle, qui ne change rien au fond du droit ; et un appel
semblable ne sera possible que lorsqu'il aura été expressément au-
orisé.

IV. — Une autre matière, dans laquelle on invoque fréquemment
la théorie de l'acte gouvernemental, est celle des pouvoirs donnés à
l'autorité administrative pour combattre les divers fléaux qui peuvent
menacer la salubrité publique.

Ces pouvoirs sont fort étendus et appartiennent à des agents occu-
pant dans la hiérarchie administrative les rangs les plus divers. L'autorité qui a le plus souvent compétence pour prendre les mesures

---

[1] C. d'Ét., 12 juin 1874, D., 75, 3, 67. Motifs.

[2] C'est ce qu'avait fait par exemple la loi sur l'indemnité à accorder aux émigrés,
du 27 avril 1825, art. 14.

protectrices de la santé publique est le maire, ces mesures rentrant pour la plupart dans le cercle de la police municipale. C'est l'une des idées qui apparaissent le plus nettement dans l'art. 97 de la loi du 5 avril 1884, notamment dans le § 6. Nul n'a jamais songé à voir des actes de gouvernement dans les arrêtés que les maires prennent en cette matière, et l'on a toujours admis contre eux la possibilité du recours pour excès de pouvoir ; le Conseil d'État veille avec soin à ce que, sous prétexte de salubrité publique, on n'impose pas aux particuliers une réglementation abusive qui contiendrait une atteinte au droit de propriété[1].

En dehors de ces attributions générales, données à l'autorité municipale par les textes fondamentaux, il existe un grand nombre de lois spéciales qui ont donné, à diverses autorités administratives, des pouvoirs considérables en vue de protéger la salubrité publique. Je n'en citerai qu'une seule. La loi sur la police sanitaire du 3 mars 1822 donne au chef de l'État le droit de déterminer par des ordonnances : 1° les pays dont les provenances doivent être habituellement ou temporairement soumises au régime sanitaire ; 2° les mesures à observer sur les côtes, dans les ports et rades, dans les lazarets, etc. ; 3° les mesures extraordinaires que l'invasion ou la crainte d'une maladie pestilentielle rendrait nécessaires sur les frontières de terre ou dans l'intérieur. Le Gouvernement, d'après le même texte, peut soumettre à des quarantaines ou même repousser complètement du territoire, si la quarantaine ne peut avoir lieu sans compromettre la santé publique, les provenances des pays contaminés ; il peut faire tuer et enfouir les animaux, faire détruire et brûler les objets susceptibles de transmettre la contagion, etc., le tout, *sans obligation d'en rembourser la valeur*. Toutes ces mesures sont du reste sanctionnées par des pénalités qui vont, dans certains cas, jusqu'à la peine de mort. — Constituent-elles des actes de gouvernement ? On répond d'ordinaire par une distinction : les mesures générales prises par le chef de l'État, en vertu de la loi de 1822, ont le caractère gouvernemental ; mais les actes d'exécution auxquels elles donnent lieu de la part des commissions sanitaires et des agents inférieurs ne sont que des actes

---

[1] Voy. le résumé des pouvoirs du maire en cette matière dans Morgand, *La loi municipale*, t. 2, p. 89.

administratifs soumis à certaines règles de fond et de forme, et, par conséquent, susceptibles d'un recours contentieux [1]. — La théorie de l'acte gouvernemental étant rejetée, il faut dire, ce me semble, que toutes ces mesures, sans distinction, sont soumises aux règles générales du contentieux administratif. Seulement les ordonnances ou décrets rendus en cette matière par le chef de l'État ne pourront que bien rarement, en fait, être l'objet d'un recours contentieux, parce que la loi de 1822 lui attribue des pouvoirs presque illimités, et qu'il est assez difficile d'imaginer comment il excéderait des pouvoirs aussi étendus. Les recours pour excès de pouvoir formés contre ses décisions devront donc, en général, être rejetés non pas comme irrecevables, mais comme mal fondés ; et il en résulte que s'il est possible, par exception, d'y relever les éléments constitutifs de l'excès de pouvoir, les pourvois devront, au contraire, être admis. C'est ce qui arriverait, notamment, si elles étaient entachées de ce vice particulier qu'on appelle l'abus ou le détournement de pouvoir, et qui consiste à user des pouvoirs qu'on a légalement dans un but autre que celui pour lequel ils ont été conférés par la loi ; par exemple, si le Président de la République, en interdisant une frontière à certains objets, avait en réalité en vue, non la protection de la santé publique, mais la ruine d'une industrie ou la constitution d'un monopole au profit d'un particulier. Il n'y a aucune raison d'écarter ici le recours contentieux, qui est la garantie des droits privés contre les abus de pouvoir de l'autorité administrative. — Quant à l'absence d'indemnité en cas de destruction régulière des objets contaminés, elle s'explique, comme en matière de faits de guerre, par l'idée de force majeure. L'État se borne, le danger une fois constaté, à faire ce que le propriétaire lui-même serait obligé de faire ; le dommage est causé non point par l'intervention gouvernementale, mais par l'épidémie elle-même, qui est un pur cas fortuit ; la responsabilité de l'État ne peut donc nullement être engagée [2].

---

[1] Voy. Laferrière. *Juridiction administrative*, t. II, p. 41 ; et l'arrêt du Conseil d'État du 2 février 1863 (D., 63, 3, 50) qui examine au fond la question de savoir si les mesures prises par l'administration sanitaire ont été régulièrement ordonnées et régulièrement notifiées.

[2] La loi du 21 juillet 1881, sur la police sanitaire des animaux, donnerait lieu à des observations tout à fait analogues.

Le résumé de tout ceci, c'est que le Gouvernement n'a, en cette matière comme en toute autre, que les pouvoirs qui lui sont conférés par la loi, et que, s'il en sort, les particuliers atteints dans leurs droits peuvent s'adresser aux tribunaux compétents d'après les règles du droit commun. Je ne crois donc pas que le Gouvernement puisse, en vue d'éviter la disette ou le renchérissement des vivres, interdire purement et simplement l'exercice d'une industrie ; car aucun texte ne lui donne ce droit. La mesure, qui constituerait une véritable expropriation mobilière pour cause d'utilité publique, serait du ressort du pouvoir législatif. La jurisprudence en a jugé autrement, en qualifiant cette suppression d'acte de gouvernement[1]. Rien ne démontre mieux, à mon sens, combien facilement la distinction entre l'acte administratif et l'acte gouvernemental peut conduire à des applications abusives.

V. — On a souvent invoqué, sous le second Empire, la théorie de l'acte de gouvernement à propos de mesures prises contre les journaux en vertu de l'art. 32 du décret organique sur la presse du 17 février 1852. D'après ce texte, un journal, même sans avoir encouru de condamnation judiciaire, pouvait être suspendu par arrêté ministériel, après deux avertissements motivés, et pour un temps qui ne pouvait excéder deux mois. D'autre part, un journal pouvait, sans aucune condition préalable, être supprimé par mesure de sûreté générale, mais seulement par un décret spécial publié au *Bulletin des lois*. — Partant de ce texte, on admettait en général la thèse suivante : l'arrêté ministériel de suspension et les avertissements qui le précèdent, sont de purs actes administratifs, qui sont soumis au recours pour excès de pouvoir en cas d'inobservation des formes prescrites (par exemple, si l'arrêté de suspension n'est pas précédé de deux avertissements, ou si les avertissements ne sont pas motivés). Au contraire, la suppression d'un journal par décret est un acte de gouvernement qui n'est susceptible d'aucun recours contentieux[2]. Il y a, dans cette distinction, la même confusion que je viens de

---

[1] Aff. Cohen. Cons. d'État, 26 février 1857, D., 57, 3, 81.

[2] Voy. aff. *Courrier du Dimanche*, C. d'Ét., 14 août 1865, D., 66, 3, 17, et les conclusions de M. le Commissaire du Gouvernement Faré. — Aff. *Gazette de France*, C. d'Ét., 31 mai 1866, D., 66, 3, 65.

signaler à propos des précédentes hypothèses. Le décret de suppression, dans cette législation, ne doit pas être considéré comme échappant, par sa nature même, à toute voie de recours ; il y échappe en fait parce que le droit du chef de l'État étant illimité, on imagine difficilement qu'il puisse l'excéder, et qu'en conséquence un recours sera d'habitude mal fondé. Mais ce n'est pas là une fin de non recevoir ; et je pense que la suppression d'un journal aurait pu régulièrement être déférée au Conseil d'État pour incompétence ou vice de forme, par exemple si elle avait été prononcée par un simple arrêté ministériel, ou si le décret de suppression n'avait pas été un décret *spécial* et n'avait pas été inséré au *Bulletin des lois*.

Il faut en dire à peu près autant d'une autre hypothèse dans laquelle s'est posée la question de l'acte de gouvernement, celle de la collation des titres de noblesse. Le chef de l'État a incontestablement le droit, au moins sous les régimes monarchiques [1], de conférer des titres de noblesse, et ce droit n'étant soumis à aucune condition de fond ni de forme, le décret par lequel il exerce cette prérogative ne peut pas, en général, être l'objet d'un recours contentieux. Si le titre conféré n'est pas autre chose qu'un titre, et s'il a bien été conféré par le chef de l'État lui-même, on ne conçoit pas la possibilité d'une réclamation judiciaire, parce que d'une part aucun vice de forme n'est possible (l'acte n'étant soumis à aucune forme particulière), et que, d'autre part, aucun droit ne peut s'en trouver lésé. Mais ce n'est là que la constatation d'un fait, ce n'est pas une fin de non recevoir. La preuve, c'est que le contentieux pourra apparaître si, sous prétexte de donner un titre de noblesse, le décret a en réalité conféré un nom ; dans ce cas, il est possible qu'il viole un droit, et il n'est pas douteux qu'il puisse être attaqué, conformément à la loi du 12 germinal an XI par les personnes dont ce nom est la propriété. — La question a été débattue notamment à propos du décret impérial conférant à M. de Talleyrand-Périgord le titre de duc de Montmorency, qui s'était trouvé éteint par la mort du dernier duc ; le Conseil d'État a rejeté la réclamation formée contre ce décret par la famille

---

[1] Sur la question de savoir si ce droit appartiendrait encore, sous le régime actuel, au Président de la République, Voy. *Le nom*, thèse soutenue devant la Faculté de droit de Lyon, par M. Salveton, p. 440 et suiv.

de Montmorency ; mais toute la discussion a porté sur la question de savoir si la dénomination de duc de Montmorency constituait uniquement un titre de noblesse, ou si elle constituait un nom. M. le commissaire du Gouvernement l'Hôpital, en concluant au rejet du recours formé devant le Conseil d'État, a reconnu très expressément que si le décret avait conféré un nom patronymique, une réclamation contentieuse aurait été possible [1]. Il n'y a donc en cette matière, malgré les expressions habituellement employées, aucune fin de non recevoir tirée de la nature gouvernementale de l'acte, et en réalité les tribunaux doivent examiner au fond s'il y a ou non droit violé.

On voit par les exemples cités dans les pages précédentes que la thèse à laquelle je me rallie n'a point le caractère de nouveauté quelque peu téméraire qu'on serait, au premier abord, porté à lui attribuer. Elle n'aspire pas à révolutionner la jurisprudence, ni à remettre en question des solutions pratiques depuis longtemps acquises. Au fond, elle consiste simplement à rejeter une classification un peu vague et arbitraire, et à soumettre à un contrôle sévère toutes les exceptions que l'on prétend apporter à la théorie générale du contentieux administratif. Peut-être même trouvera-t-on, après m'avoir lu, que c'est là un mince résultat et qu'il ne vaut pas une aussi longue démonstration. Qu'importe, pourra-t-on dire, que les actes du Président de la République dans ses rapports avec les Chambres, que les traités diplomatiques, échappent aux recours judiciaires à titre d'acte de gouvernement ou à tout autre titre ? L'essentiel est de constater qu'ils y échappent, et si sur ce point tout le monde est d'accord, le nom sous lequel on groupe les actes de cette nature n'a pas grande importance. Qu'importe même que les recours formés à raison des

---

[1] C. d'Ét., 28 mars 1866, D., 66, 3, 49. — Dans ses conclusions, M. le Commissaire du Gouvernement reconnaît que si un décret créait, par exemple, un comte *Foy*, un comte *Portalis*, un *baron Séguier*, un *comte Molé*, une réclamation contentieuse serait ouverte aux familles qui portent ces noms. Seulement il distingue entre les noms patronymiques (comme les précédents), et les noms qui ne sont que des titres (par exemple duc d'Isly, de Malakoff, de Magenta, de Montmorency) ; et il s'appuie sur cette distinction pour rejeter la réclamation de la famille de Montmorency. — Que cette distinction soit ou non fondée (elle est au moins fort douteuse), cela ne fait rien à la théorie générale qui est toujours la même : pas de fin de non recevoir ; réclamation contentieuse s'il y a droit violé ; pas de recours dans le cas contraire.

faits de guerre, des mesures de salubrité, ou de la collation des titres
de noblesse, échouent contre une fin de non recevoir ou soient rejetés
comme mal fondés, si les hypothèses dans lesquelles on pourrait les
considérer comme fondés sont tellement rares et tellement singulières
qu'elles en sont presque chimériques ? — Ceux qui me feraient cette
objection ne seraient pas suffisamment pénétrés de la nécessité qui
s'impose d'adopter, en matière de droit public comme en matière de
droit privé, une méthode juridique rigoureuse. Le nom, sans doute,
ne fait rien à l'affaire ; et j'ai déjà dit que, pourvu qu'on s'entendît
bien, je consentais à ce qu'on appelât acte de gouvernement les actes
qui sont soustraits à la théorie générale du contentieux. Mais ce qui
est important, c'est de ne pas chercher dans cette distinction un critérium juridique. L'idée fondamentale de cette étude, en effet, c'est
que ce critérium ne donne aux droits privés qu'une garantie insuffi-
sante. Il est incertain et mal défini ; il permet de rejeter d'un mot,
sans examen approfondi, des réclamations qui doivent être accueillies,
soit parce qu'il y a eu excès de pouvoir, soit, ce qui est plus grave
encore, parce qu'il y a eu droit violé. Les hypothèses que j'ai passées
en revue nous en ont offert des exemples, et, dans la variété infinie
des affaires possibles, on en trouverait de bien plus nombreux encore.
La théorie de l'acte de gouvernement, même élaborée par une doctrine savante, même avec le caractère de classification rationnelle
qu'on essaie de lui donner, présente donc toujours partiellement les
mêmes dangers que la vieille théorie aujourd'hui à peu près aban-
donnée, celle qui déclare franchement que le Gouvernement échappe
au contrôle judiciaire toutes les fois qu'il agit dans un but politique.
C'est encore une porte, au moins entr'ouverte, par laquelle il peut
sortir de la légalité. — Or, si le mot légalité est loin de répondre
à lui seul à tous les besoins sociaux, si le règne de la loi comporte
lui aussi des fautes et même des violations du droit, nulle autre
garantie cependant ne peut remplacer celle qui résulte pour les citoyens
d'un régime de légalité scrupuleusement observé. Elle est à la base
de toutes les autres ; elle seule peut les rendre sérieusement efficaces :
à quoi bon discuter minutieusement des lois protectrices des droits
privés, si l'on réserve au Gouvernement la faculté d'échapper à leur
application ? Que le Gouvernement ait, sur certains points, des droits
très étendus, il le faut bien ; rien de plus dangereux pour un peuple
qu'un pouvoir exécutif énervé et sans force. Mais il faut obtenir que

ces droits lui soient donnés par la loi, et lui enlever la possibilité
de les définir lui-même. — Je ne croirai pas avoir perdu mon temps
si le travail qui précède peut attirer à nouveau, sur la délicate question
qui y est débattue, l'attention des maîtres de la science, dont autre
sans doute reprendra quelque jour, avec plus d'autorité, la thèse qui
y est soutenue, et il la fera prévaloir.

L. MICHOUD,

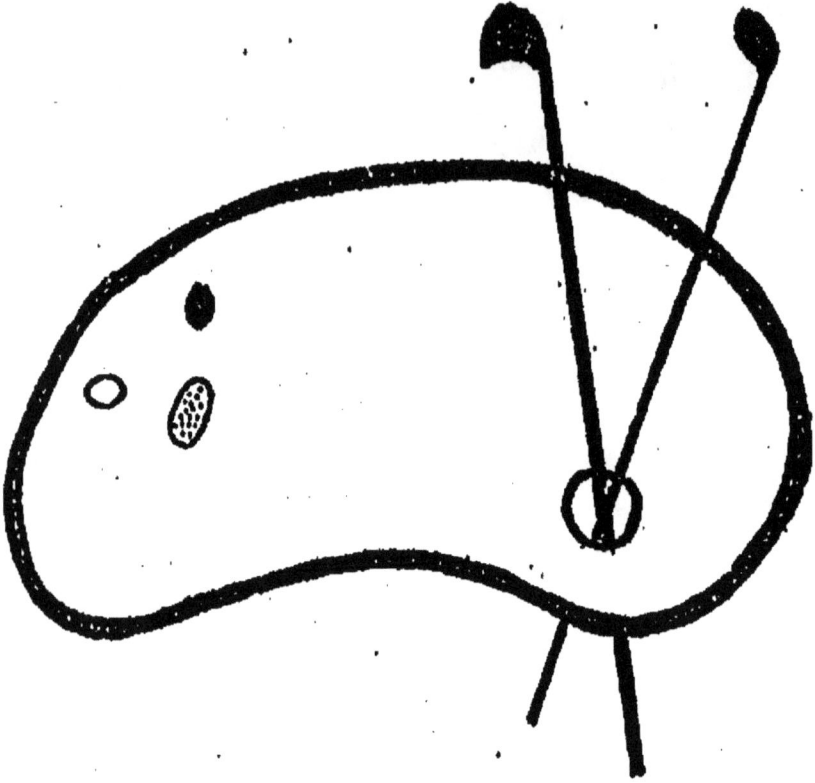

ORIGINAL EN COULEUR
NF Z 43-120-8